You're always ladylike

언제나 당신은 여자

초판 인쇄 ㅣ 2016년 12월 15일 초판 1쇄
초판 발행 ㅣ 2016년 12월 26일 초판 1쇄

글   ㅣ 황정선
그   림 ㅣ 이현주
발행인 ㅣ 박명환
펴낸곳 ㅣ 이미지토크북

주   소 ㅣ 서울시 마포구 와우산로 3길 15 (상수동, 2층)
전   화 ㅣ 02) 334-0940
팩   스 ㅣ 02) 334-0941
홈페이지 ㅣ www.vtbook.co.kr
출판등록 ㅣ 2008년 4월 11일 제 313-2008-69호

편집장 ㅣ 경은하
마케팅 ㅣ 윤병인 (010-2274-0511)
디자인 ㅣ 이미지공작소 02) 3474-8192
제   작 ㅣ (주)현문

ISBN 979-11-85702-10-0 23190

이미지토크북은 **디자인뮤제오**의 출판 브랜드입니다.

You're
always
ladylike

언제나
당신은
여자

황정선 글 이현주 그림

IMAGE
TALK
BOOK

어쩌다 여자가 아닌
언제나 여자

나는 글쓰기보다는 말하는 쪽이 더 편한 강사다. 나와 같은 직업을 가진 지인들 중에는 종종 말하기가 아닌 글쓰기의 고단함을 십분 이해한다면서 "무슨 책을 그리도 자주 내요?"라고 걱정 아닌 걱정을 해 주는 분도 있다. 그동안 출간한 모든 책이 읽고 나서 특별히 지식이 고양되거나 정서가 함양되는 것도 아닌, 알면 좋지만 몰라도 딱히 사는데 큰 지장은 없는 주제를 다뤘기 때문에 그네들에게 심려를 끼치고 있다는 정도는 나도 잘 안다.

다 알다시피 이런 류의 책은 읽지 않았다고 해도 옷을 입고 생활하는데 아무런 불편이 없고, 책을 읽으면서 마음이 치유된다거나 용기가 샘솟는 경험을 맛볼 일도 없다 보니 대중서와는 거리가 먼 것 또한 사실이다. 그래도 꿋꿋이 옷을 어떻게 입으면 좋은지를 테마로 계속 책을 내는 이유가 뭘까? 물론 아는 게 이것뿐이라 열심히 쓰기도 하지만, 근본적으로는 옷을 입는다는 행위가 자존감을 올려줄뿐더러 세상과 소통할 수 있는 기술이라는 사실을 수많은 강의 현장에서 뼈저리게 깨달았기 때문이다. 이렇게 좋은 걸 강의에서 만나는 사람들뿐만 아니라 강의로 만나지 못하는 사람들과도 함께 공유하고 싶다는 작은 바람이 자꾸 책을 쓰도록 부추겼던 것이다.

시술과 수술로는 결코 얻을 수 없는 내면의 아름다움을 옷차림으로 드러나게 할 수 있는데, 이를 어찌 나 혼자만 알고 넘어갈 수 있겠는가? 그래서 이번 책에는 트렌드에 흔들리지 않고, 자기만의 아름다움이 드러나서 언제나 여자로 보이는 108가지 연출법을 담아 보았다. 옷을 어떻게 입는지, 무엇을 어떤 방법으로 입는지 잘 아는 여자들은 언제 어디에서 누구를 만나든지 여자로 남는다. 그녀들은 누구나 가지고 있는 기본적인 옷과 액세서리만으로도 옷차림을 우아하면서도 독특하고, 편안하면서도 스타일리시하게 연출할 줄 안다. 이렇게 자기만의 스타일이 드러나면 뭘 입어도 당당하고, 유행에 뒤처져 보이는 일은 절대 생기지 않아서 언제나 여자로 보인다. 책에 담긴 연출법부터 시도하고 익힌다면 작년에도 입었고, 내년에도, 내후년에도 입을 수 있는 기본 아이템을 올해는 올해답게 연출할 수 있게 되어서 언제나 여자로 거듭날 수 있을 것이다. 어느 날 갑자기 한껏 멋을 부리고 등장하는 '어쩌다 여자'가 아닌, 전체적인 스타일에 깊이 있는 여성스러움이 묻어나는 '언제나 여자'로 보이게 입으면 늘 우아하고 그래서 더욱 매혹적이다.

 황정선

Contents

Basic Items

Contents

Point Accessories

Basic
Items

Shirts

T-Shirts

Blouses

Tops

Sweaters

Jackets

Dresses

Skirts

Pants

Coats

셔츠에서
지적인 섹시함이 드러나도록
입는 법을 달리한다

옷장 안에 셔츠가 한 장도 없는 여성은 드물 것이다. 10대 시절부터 입기 시작한 셔츠는 이토록 오랜 세월을 함께 했건만, 아직도 정직하게만 입는 여성들을 종종 만나게 된다. 셔츠를 정직하게 입는다는 의미는 셔츠의 단추란 단추는 전부 다 꼭꼭 채우고, 소매도 단추를 반듯하게 채워서 손목까지 다 가리고, 팬츠나 스커트 안으로 셔츠를 집어넣어 입는 스타일을 말한다. 본인은 자신이 굉장히 꼼꼼하고 단정하게 보이리라 생각하고 입었겠지만, 보는 이에겐 그저 고지식하고 융통성 없는 사람처럼 보일 뿐이다.

셔츠 입기의 한 끗 차이는 가슴 주위의 브이존(V zone)을 만드는 방식과 소맷단을 걷어 올리는 방식에서 드러난다. 그리고 셔츠를 남보다 멋지게 입으려면 셔츠 깃 크기와 전체적인 핏감도 신경 써서 체크해야 한다. 셔츠 깃이 너무 크면 깃이 서는 맛이 없고 처져 버리기 쉽기 때문에 선택하지 않는 편이 좋다. 작은 깃이 훨씬 꼿꼿하고 스타일리시해 보인다. 또 깃의 각도가 약간 크면 단추를 풀어서 입을 때 한결 예뻐 보인다.

평소에 셔츠 단추를 풀고 입는 스타일이라도 구매할 때는 단추를 다 잠그고 목둘레에 딱 맞는 사이즈를 선택해야 브이존을 만들 때 세련미가 넘친다. 소매길이가 너무 짧거나 길면 얻어 입은 옷처럼 보일 뿐 아니라, 걷어 올려서 입을 때도 말쑥하게 정돈되지 않으므로 자신에게 잘 맞는 치수를 선택하자.

화이트 셔츠 / White Shirts

흰색 셔츠는 새하얀 소재가 청결한 섹시함을,

빳빳하게 서 있는 셔츠 깃이 다부진 인상을,

자연스럽게 걷어 올린 소매는 여유로움을

느끼게 해 주는 등 수많은 장점을 가지고

있기 때문에 옷장 속에 반드시 걸려

있어야 하는 아이템이다. 단 지적인 느낌을

전하고 싶다면 단추가 터질 듯한 타이트한

흰색 셔츠가 아니라 적당한 여유가

느껴지는 스타일을 선택하자.

어른 여자의 당당함은 단추를 풀어 입는 모습에서 나온다.
단추를 많다 싶은 정도로 푼 깊은 브이존이 날씬함까지도
가져다준다. 흰색 셔츠는 깃을 세우거나 소매를
걷거나 단추를 풀어서 입어야 멋스럽게 보인다.

두 번째 단추까지 풀었을 때 목 주위가

깔끔하게 V 자로 열리는 타입을 고른다.

색깔이 있는 단추보다는 셔츠 색과

같은 흰색에 약간 두께가 있는 것이

고급스럽게 보인다. 또 셔츠 길이는

안으로 넣어 입거나 밖으로 빼내 입을

수 있도록 엉덩이가 살짝 가려지는 정도가

좋고, 밑단은 둥글게 마무리된 디자인이

뱃살을 가리기에도 효과적이라서 추천한다.

멋쟁이로 보이느냐 아니냐는 셔츠 깃의 크기와 각도에서
결정된다고 해도 과언이 아니다. 옷깃이 조금 큼직하면
얼굴이 작아 보일 수도 있다. 셔츠 깃은 약간 빳빳하고,
벌어지는 각도도 조금 넓어야 단추를 풀고 입었을 때 예쁘다.

덩거리 셔츠 / Dungaree Shirts

흔히 데님 셔츠(denim shirts)라 부르는

청 셔츠의 정식 명칭은 덩거리 셔츠다.

덩거리라는 튼튼한 면을 사용하는

워크 셔츠(work shirts)의 일종으로, 소재

자체가 이미 캐주얼한 인상을 주기 때문에

디자인에 변형을 많이 가하면 가할수록

전체 스타일이 유치해 보인다. 부드러운

감촉이 느껴지는 원단에 셔츠 원형의

형태와 가까운 타입이 스타일리시하다.

소매는 단추를 채우기보다는 조금 걷어 올려서
입는 쪽이 훨씬 멋스럽다. 이때 허리 라인과
걷어 올린 소매의 라인을 맞추면 한결
세련되어 보인다. 셔츠 소매는 장식이 없고 단순한
디자인이 걷어 올리기도 쉬워서 활용도가 높다.

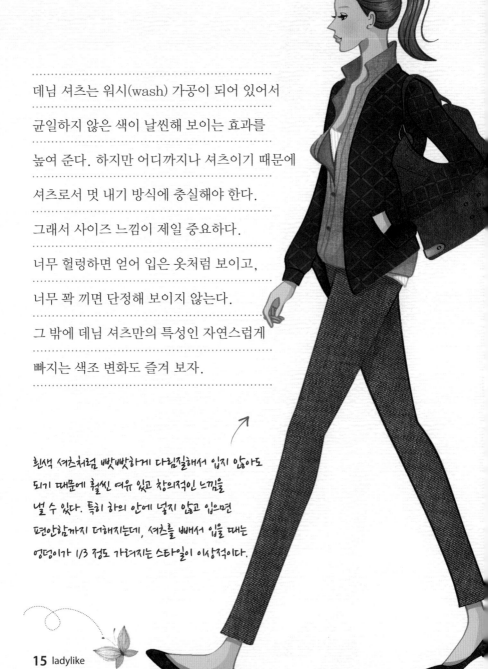

데님 셔츠는 워시(wash) 가공이 되어 있어서

균일하지 않은 색이 날씬해 보이는 효과를

높여 준다. 하지만 어디까지나 셔츠이기 때문에

셔츠로서 멋 내기 방식에 충실해야 한다.

그래서 사이즈 느낌이 제일 중요하다.

너무 헐렁하면 얻어 입은 옷처럼 보이고,

너무 꽉 끼면 단정해 보이지 않는다.

그 밖에 데님 셔츠만의 특성인 자연스럽게

빠지는 색조 변화도 즐겨 보자.

흰색 셔츠처럼 빳빳하게 다림질해서 입지 않아도
되기 때문에 훨씬 여유 있고 창의적인 느낌을
낼 수 있다. 특히 하의 안에 넣지 않고 입으면
편안함까지 더해지는데, 셔츠를 빼서 입을 때는
엉덩이가 1/3 정도 가려지는 스타일이 이상적이다.

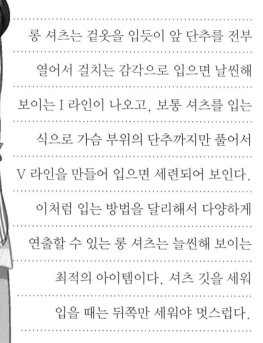

롱 셔츠 / Long Shirts

롱 셔츠는 겉옷을 입듯이 앞 단추를 전부

열어서 걸치는 감각으로 입으면 날씬해

보이는 I 라인이 나오고, 보통 셔츠를 입는

식으로 가슴 부위의 단추까지만 풀어서

V 라인을 만들어 입으면 세련되어 보인다.

이처럼 입는 방법을 달리해서 다양하게

연출할 수 있는 롱 셔츠는 늘씬해 보이는

최적의 아이템이다. 셔츠 깃을 세워

입을 때는 뒤쪽만 세워야 멋스럽다.

긴 셔츠는 블라우징(blousing 허리 부분을 걷어 올려서
부풀린 모양) 기법으로 입으면 맵시 있게 보인다.
너무 캐주얼하게 입으면 나이 들어 보일 수도 있기 때문에
하의 선택에 유의해야 한다. 소매를 걷고 가는 손목을
드러내어서 여성스러운 분위기도 자아내자.

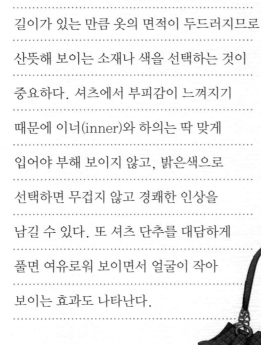

길이가 있는 만큼 옷의 면적이 두드러지므로 산뜻해 보이는 소재나 색을 선택하는 것이 중요하다. 셔츠에서 부피감이 느껴지기 때문에 이너(inner)와 하의는 딱 맞게 입어야 부해 보이지 않고, 밝은색으로 선택하면 무겁지 않고 경쾌한 인상을 남길 수 있다. 또 셔츠 단추를 대담하게 풀면 여유로워 보이면서 얼굴이 작아 보이는 효과도 나타난다.

깃을 세우고 목걸이를 더해서 브이존을 만들면 시선이 위아래로 길게 향하므로 더욱 날씬해 보인다. 이때 이너가 허리보다 길면 뱃살을 가려줘서 슬림한 인상을 준다. 무늬가 화려한 팬츠와 맞춰 입을 때는 단색 롱 셔츠를 걸치면 우아한 분위기가 연출된다.

체크 셔츠 / check Shirts

체크 셔츠는 걸치는 순간 활기차고

생동감이 느껴지는 마법 같은 아이템이다.

그러나 체크의 크기, 하의나 이너와의

색 조합, 사이즈, 옷 길이에서의 밸런스,

소재 등을 고려하지 않으면 자칫 혼란스럽고

산만하게 보일 수도 있어서 스타일링에

주의를 기울여야 하는 셔츠이기도 하다.

스키니(skinny)처럼 딱 붙는 하의와 함께

코디하면 감각 있어 보인다.

처음으로 체크 셔츠에 도전한다면 흰색, 검정, 회색의
모노톤(monotone)을 선택해야 코디하기에 부담스럽지 않다.
주머니가 있으면 캐주얼 룩(casual look)에 잘 어울리고,
주머니가 없으면 보다 드레시하게 연출할 수 있다.
특히 가슴 위치에 있는 주머니는 가슴 업에도 효과가 있다.

체크 셔츠는 한 장만 입어도 스타일리시하게
연출할 수 있지만, 겉옷처럼 걸치거나
카디건(cardigan)처럼 허리에 묶는 등
다양한 방식으로 활용하기 편하다.
이럴 때는 상의나 하의를 타이트하게 입으면
날씬해 보인다. 허리에 묶으면 엉덩이나
허벅지를 커버할 뿐만 아니라 간절기 등
일교차가 클 때 입거나 벗어서 체온도
조절하고 계절감도 만끽할 수 있다.

체크에 들어 있는 색 중에서 어두운색을 골라
재킷이나 하의에 사용해 묵직하게 중심을
잡아 주면 체크무늬가 산만하지 않게 정돈되어서
우아하게 연출할 수 있다. 이때 함께 맞추는 소품도
단색으로 선택하면 깔끔한 스타일로 마무리된다.

캐주얼한 티셔츠일수록
어른스러움이
느껴지도록 입는다

말 그대로 T 자 모양의 셔츠를 티셔츠라고 부른다. 푸르른 청춘이라면 티셔츠에 청바지 하나만 입어도 생기발랄하게 보일 수 있겠지만, 나이가 들수록 그런 심플한 코디는 초라한 인상을 줄 수 있다. 또 싸구려 티셔츠는 금방 모양이 틀어지기 쉽고, 모처럼 마음먹고 장만해서 오랫동안 마르고 닳도록 아껴 입은 비싼 티셔츠는 후줄근한 인상만 남길 뿐이다. 이제부터 티셔츠를 고를 때는 티셔츠만으로도 스타일이 사는지 반드시 체크해야 한다.

티셔츠는 네크라인(neckline)에서 스타일의 성패가 결정된다고 해도 과언이 아니다. 옷에서 네크라인은 얼굴과 가장 가까운 부분이라 눈에 잘 띄기 때문에 디자인적으로 중요한 포인트가 된다. 기본적으로 파진 모양에 따라 명칭이 구분되며 높이나 상태 등에서도 여러 가지 변형된 스타일이 생겨나고 있다. 쇄골이 확실하게 보일 정도로 약간 넓게 파이고, 가슴에서 5~7cm 정도 올라간 라인이면 어른스럽게 입기에 딱 좋다.

반팔 티셔츠는 소매길이가 가슴 윗부분까지 오면 세련되어 보인다. 소매가 가로로 일직선 모양이면 너무 캐주얼 스타일처럼 보이지만, 네크라인과 평행을 이루는 둥그런 곡선 모양이면 입었을 때 한층 멋스럽다. 티셔츠의 소재로는 투명한 느낌이 들 정도로 얇은 타입이 역시 스타일리시하며, 기장은 조금 긴 쪽이 하의 안에 넣어서 입든 빼서 입든 코디하기에 편하다.

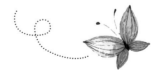

화이트 티셔츠 / White T-Shirts

어떤 색과 맞춰도 잘 어울리는 흰색 티셔츠지만,

자신에게 적합한 디자인을 찾는 것이

무엇보다 중요하다. 너무 타이트하지도,

너무 낙낙하지도 않은 스타일을 골라야 하므로

반드시 입어 보고 선택한다. 보통 쇄골이

보이면서 목둘레보다 넓은 네크라인으로,

입었을 때 목부터 티셔츠의 네크라인까지

3~4cm 정도 떨어져 있는 스타일이

세련되면서도 섹시하게 보인다.

쇄골이 드러나는 브이넥(V-neck) 티셔츠는
세로 라인이 자연스럽게 나타나서 날씬해 보인다.
남성스러운 팬츠나 여성스러운 롱스커트(long skirt) 등
코디하기 까다로운 아이템은 일단 흰색 티셔츠와
매치해 보면, 전체 스타일이 깔끔하게 정돈된다.

디자인이 단순한 옷일수록 길이감에

신경 써야 한다. 몸을 움직일 때 배나 등이

노출되는 짧은 길이는 보는 사람이 더

민망하다. 반면에 흰색 티셔츠가 너무 길면

잠옷처럼 보일 수 있으므로 너무 길지도

짧지도 않은 적당한 길이를 선택하자.

면이 적은 분량으로 섞인 혼방 소재를

고르면 입었을 때 촉감이 좋을뿐더러

우아한 이미지를 연출할 수 있다.

흰색 티셔츠는 속살이 비칠 듯이 투명감 있는 소재가
고급스러워 보인다. 흰색 상의를 입을 때 브래지어는
흰색이 아니라, 피부 톤과 같은 베이지 계열을 맞추는
것이 상식이다. 그래도 신경이 쓰일 때는 실크(silk) 소재의
캐미솔(camisole)을 받쳐 입는다.

바스크 셔츠 / Basque Shirts

목 부분이 얕고 넓게 파여 있고,

가로줄 무늬가 티셔츠 전체에 새겨져 있어서

세련되고 지적인 느낌을 주는 바스크 셔츠는

남녀노소를 막론하고 누구나 부담 없이

입을 수 있는 아이템이다. 하지만 가로줄이

너무 두꺼우면 영화 '빠삐용'에서 주인공이

입고 있던 죄수복이 연상될 수 있으므로

주의한다. 줄무늬의 두께는 가늘어야

한결 날씬하고 여성스럽게 보인다.

티셔츠는 캐주얼복이라서 사이즈가 넉넉하고
여유 있으면 집에서 입던 옷처럼 후줄근해 보인다.
따라서 소매가 딱 맞아야 슬림해 보이고,
티셔츠 길이는 하의에 넣어 입을 수 있는 정도를
선택해야 어떤 옷과도 코디하기 편하다.

머린 룩(marine look)의 대표인

바스크 셔츠는 흰색 바탕에 파란 줄이

기본형이지만, 더욱 어른스럽게 연출하고

싶다면 흰 바탕에 검정 줄무늬를

선택해 보자. 검은색 줄무늬라면

아무래도 검정 하의와 맞추기 수월하다.

이때 줄무늬의 두께가 너무 두껍지 않아야

한 장만 입거나, 재킷이나 카디건 등의

이너로 맞춰 입기에도 좋다.

어깨가 좁고 마른 체형이라면 흰 바탕에
줄무늬가 가슴 라인부터 시작하는 바스크 셔츠를
고르는 것이 체형을 보완하는 데 도움이 된다.
몸집이 크다면 얇은 소재에 잔 줄무늬가 네크라인부터
밑단까지 전체적으로 퍼져 있는 스타일이 어울린다.

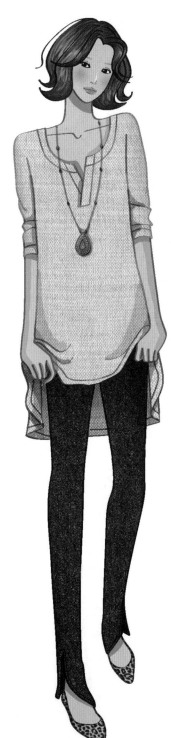

롱 티셔츠 / Long T-Shirts

별로 꾸미지 않은 듯한 자연스러운 스타일을
선호한다면 반드시 갖춰 두어야 하는 아이템이
길이가 긴 롱 티셔츠이다. 특히 네크라인이
많이 파인 타입이면 여유로운 실루엣이 나와서
세련되어 보인다. 또 캐주얼한 스타일에는
액세서리 등으로 악센트 컬러(accent color)를
더해 주면 스타일 지수가 높아지고, 딱 붙는
다이아몬드(diamond) 귀고리나 큰 반지를
착용하면 고급스러워 보인다.

쇄골이 드러나는 브이넥이라면 세로 라인을 만들기
쉬워서 날씬해 보인다. 길이감이 있는 롱 티셔츠는
특히 팬츠와 함께 입을 때 신경 쓰이는 복부 주위를
커버해 준다. 티셔츠에 색과 무늬가 있으면
심플한 코디에 화려함을 더할 수 있다.

질 좋고 고상한 디자인의 롱 티셔츠라고 해도

헐렁한 팬츠와 코디하면 허름하고 게으른

인상으로 비칠 수 있으므로 조심한다.

짧은 치마나 반바지와 맞추면 상큼해

보이고, 원단이 얇을수록 몸의 라인을

살려 주어서 여성미가 한층 드러난다.

이때 가방이나 신발, 손톱 등 작은 면적에

빨간색 같은 악센트 컬러를 더하면

모노톤이라도 활기를 느낄 수 있다.

느슨하고 여유 있는 실루엣의 아이템일수록
딱 맞는 느낌으로 조여 주는 부분이 있어야
뚱뚱해 보이지 않는다. 티셔츠의 소맷자락이나
밑단이 리브(rib 골)로 되어 있으면 몸에
딱 붙어서 티셔츠를 한 장만 입어도 멋스럽다.

블라우스에서는
부드럽고 촉촉한 감촉이
배어나야 한다

블라우스는 그 자체만으로도 충분히 여성적이므로 지나치게 화려한 프릴(frill)이 달려 있거나, 레이스(lace)가 주렁주렁한 스타일을 구태여 고르지 않아도 된다. 심플한 디자인의 블라우스라도 스커트와 매치하면 언제나 여성스럽고 사랑스러운 느낌이 들고, 남성적인 아이템인 팬츠와 매치하면 세련된 분위기를 풍긴다.

보통 블라우스는 실크나 레이온(rayon)처럼 부드럽고 광택이 있는 소재를 많이 사용하는데, 면으로 된 블라우스가 아니라 이렇게 하늘하늘한 소재는 입었을 때 목선이 드러나면서 어깨가 살짝 올라간 형태로 블라우스에 각이 잡혀 재킷을 입은 것처럼 단정해 보인다. 어깨 부분에 다부진 느낌이 있으면 하늘거리지 않고 과도하게 여성스러워 보이지 않기 때문에 격식을 차리는 자리에도 잘 어울린다. 너무 섹시하거나 드레시한 스타일보다는 셔츠 칼라(shirts collar)나 리본 칼라(ribbon collar)로 된 블라우스 정도라면 어떤 자리에도 맞춰 입기 편하다.

　블라우스를 고를 때는 전체 사이즈 느낌보다는 어깨가 딱 맞는지를 먼저 체크하자. 또 소매에 디자인 요소가 들어가 있으면 너무 로맨틱해 보일 수 있는데, 활용도를 높이고 싶다면 역시 단순한 디자인의 블라우스를 다양한 색상으로 갖춰 두는 편이 좋다.

보타이 블라우스 / Bow Tie Blouse

보타이 블라우스의 장점은 여학생들의
교복이나 유니폼(uniform) 디자인에 많이
사용될 만큼 단정하면서도 여성스러운
느낌이다. 하지만 이 블라우스를 너무
얌전하게 소화하면 보수적이고 고루한
인상을 남길 수 있다. 가운데 리본으로
자연스레 시선이 가는 이 아이템은 리본을
맸을 때 너무 크거나, 너무 길지 않게
조정하는 것이 스타일의 포인트가 된다.

목 주위의 리본으로 시선을 모으기 때문에
블라우스 품이 약간 타이트할 때 날씬한 실루엣이
드러난다. 소매도 볼륨감이 있으면 자칫
공주풍으로 보이기 쉬워서 세련된 연출이 힘들다.
리본 묶는 법에 변화를 주면 코디 폭이 넓어진다.

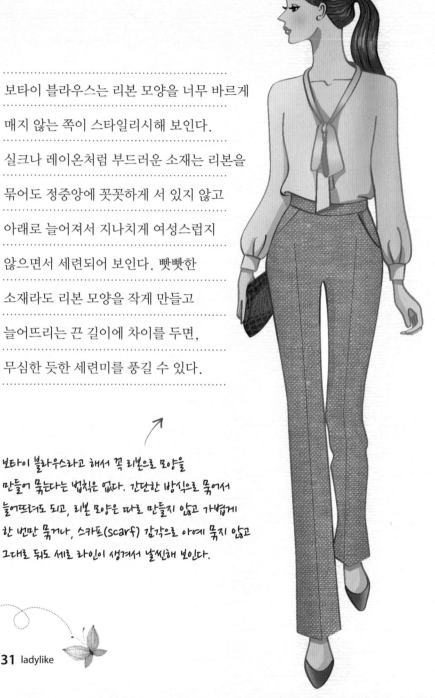

보타이 블라우스는 리본 모양을 너무 바르게
매지 않는 쪽이 스타일리시해 보인다.
실크나 레이온처럼 부드러운 소재는 리본을
묶어도 정중앙에 꼿꼿하게 서 있지 않고
아래로 늘어져서 지나치게 여성스럽지
않으면서 세련되어 보인다. 빳빳한
소재라도 리본 모양을 작게 만들고
늘어뜨리는 끈 길이에 차이를 두면,
무심한 듯한 세련미를 풍길 수 있다.

보타이 블라우스라고 해서 꼭 리본으로 모양을
만들어 묶는다는 법칙은 없다. 간단한 방식으로 묶어서
늘어뜨려도 되고, 리본 모양은 따로 만들지 않고 가볍게
한 번만 묶거나, 스카프(scarf) 감각으로 아예 묶지 않고
그대로 둬도 세로 라인이 생겨서 날씬해 보인다.

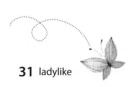

튜닉 블라우스 / Tunic Blouse

감추고 싶은 엉덩이를 확실히 가려 주는 튜닉

블라우스는 너무 헐렁하게 입으면 촌스러워

보일 뿐 아니라 임부복처럼 비칠 수도 있다.

따라서 하의를 레깅스(leggings) 같은

타이트한 실루엣의 아이템과 매치해야

스타일리시한 분위기가 나온다. 벨트(belt)로

허리 라인을 잡거나 재킷이나 아우터(outer)로

각을 잡아서 어떤 상황에서도 평상복이 아닌

외출복으로 보이게끔 한다.

슬림한 라인의 튜닉 블라우스라고 해도 원래 상의 면적이
크기 때문에 맞추는 팬츠가 헐렁하거나 너무 길면
뚱뚱해 보인다. 통이 좁은 팬츠와 매치하면 세로 라인이
생기면서 날씬해 보이는데, 이때 팬츠의 기장은
복사뼈 위 정도까지면 산뜻하다.

여유 있는 실루엣의 튜닉 블라우스는
워낙 캐주얼하게 보여서 조금만 방심하면
홈 웨어(home wear)처럼 느껴지기 쉽다.
두툼한 소재에 큰 주름(턱 tuck)이 있으면서
짙은 색이라면 체형도 커버해 주고 여성스러운
느낌을 자아낸다. 튜닉 블라우스도 역시
브이넥이면 더욱 날씬해 보인다. 롱 셔츠와
마찬가지로 블라우징을 사용해서 입으면
체형 커버도 되고 멋스럽게 보인다.

밑으로 갈수록 퍼지는 A 라인 실루엣의 튜닉 블라우스라면
어깨나 가슴 주위는 날씬해 보이면서, 배 주위의
풍성한 살집은 자연스레 감출 수 있다. 큰 주름이 들어간
두툼한 소재인 경우에는 적당한 주름이 잡혀서
여성스럽게 보인다.

블라우징 테크닉 / Blousing Technic

블라우징이란 '불룩해진 모양,

불룩하게 하다' 라는 의미로, 블라우스나

드레스 등의 허리 부분을 걷어 올려서

헐렁하고 불룩한 모양으로 만든 스타일을

말한다. 블라우스를 조금 여유 있게

내어 입는 방식인데, 이 기법을 사용해서

복부 주위의 결점을 보완할 수 있다.

Technic 1

블라우스나 셔츠를 하의에 넣으면 등판이 쫙 펴져서
깔끔하게 보인다. 이때 블라우징이 중요한데,
하의 안으로 집어넣은 끝부분을 슬쩍 당기면 깔끔함 속에서도
여성성이 도드라진다. 앞뿐만 아니라 뒤나 옆도 똑같이
블라우징을 이용해 360도 어디서 봐도 예쁜 실루엣을 만들어 보자.

폭신하게 공기를 넣는 느낌으로 허리 주위를

부풀리면 여성스러운 분위기가 연출된다.

더군다나 긴 허리와 처진 엉덩이를

가리기에도 최적화된 테크닉이다.

블라우징 기법을 사용하지 않고 밑단을

단정하게 하의에 넣어 입으면 입체감이

살지 않아서 어딘가 단조로워 보일 수 있다.

Technic 2

헐렁한 셔츠나 스웨터, 티셔츠라면 뒤쪽은 옷자락을
밖으로 빼고, 앞만 하의 안으로 넣어서 입는 방법도
스타일리시하다. 이때도 허리 주위를 볼록하게 자연스러운
느낌으로 연출하는 블라우징이 포인트가 된다. 감추고 싶은
엉덩이를 보다 세련되게 커버할 수 있는 방법이다.

안에 받쳐 입는 톱은
속옷처럼
보이지 않아야 한다

　분명 고급 정장을 빼입었는데, 그 안에 받쳐 입은 톱이 러닝셔츠
(running shirt)를 떠올리게 하는 면 소재라서 전체 스타일에서 싼
티가 나는 경우를 종종 보게 된다. 탱크톱(tank top)이나 캐미솔톱
(camisole top) 같은 이너는 보이는 면적이 작다 보니 그만큼 등한시
하기 쉬운데, 실은 스타일링에서 마무리를 담당하는 매우 중요한 아
이템이다. 재킷에 쉽게 받쳐 입을 수 있는 갖가지 소재의 여러 가지
디자인이 있을 뿐만 아니라, 계절에 따라 긴소매부터 민소매까지 다
양하게 선택할 수 있다.

　긴소매의 경우는 몸에 딱 맞는 스타일보다는 자연스러운 핏감을
가진 적당히 여유 있는 타입이면, 실내에 들어갈 때나 덥다고 느낄

때 재킷을 벗더라도 민망할 일이 없다. 또 딱딱한 정장 차림을 갖추고도 여성스러움을 놓치지 않으려면 부드러운 소재를 선택하는 편이 좋다. 톱의 색상은 먼저 기본색을 갖춘 다음에 포인트 색도 장만해 두면 스타일에 변화를 주고 싶을 때 한결 유용하다.

일반적으로 테일러드 재킷(tailored jacket)처럼 브이존이 생기는 재킷에는 라운드(round)나 스퀘어(square) 네크라인의 톱을 안에 맞춰 입으면 잘 어울리고, 노 칼라 재킷(no collar jacket)같이 브이존이 생기지 않는 재킷에는 터틀넥(turtleneck)이나 목선이 드러나지 않는 스타일의 톱을 맞추는 쪽이 한층 더 조화로워 보인다.

탱크톱 / Tank Top

레이어드(layered) 스타일에서 빠질 수 없는

아이템이 민소매 티셔츠인 탱크톱이다. 더운

여름철 한 장만 입어도 멋스럽지만, 셔츠나

니트(knit)의 이너로 입으면 더욱 감각 있어

보인다. 이때도 치밀하게 계산된 색만이

스타일을 완성해 주는 만큼, 다양한 색상의

탱크톱을 갖춰 두면 코디네이션의 폭도

넓어진다. 피부색에 잘 어울리는 베이지나

그레이 색상은 기본적으로 장만해 둔다.

탱크톱같이 노출이 심한 옷일수록 차분한 색상을 선택하면
부담스럽지 않게 연출할 수 있다. 함께 매치하는 하의를
비슷한 색으로 갖춰서 통일감을 주거나, 긴 목걸이로 허전한
목을 장식하는 방법도 노출이 과하게 보이지 않아서 좋다.

셔츠나 재킷을 입고 나서 가슴 주위가

너무 벌어져 어딘가 똑떨어지는 맛이

부족할 때, 탱크톱을 두 장 겹쳐 입으면

굉장히 감각 있게 보인다. 탱크톱의 색상은

셔츠와 같은 색 계열의 진한 색과

흐린 색을 겹쳐 입는 것이 바른 선택이다.

탱크톱 두 장을 레이어드해서 입을 때는

동일 브랜드의 같은 모양으로 색상만

달라야 깔끔하고 멋지게 보인다.

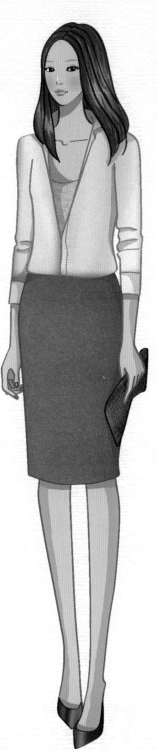

흰색 셔츠 안에 살짝 드러내고 싶을 때는 화려한 색상의
탱크톱보다 베이지나 핑크 그레이처럼 피부색과 비슷한 톤을
입으면 목이 길어 보여서 훨씬 세련되게 보인다. 아니면
형광색같이 확실하게 눈에 띄는 색으로 강조해도 멋스럽다.

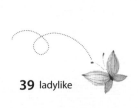

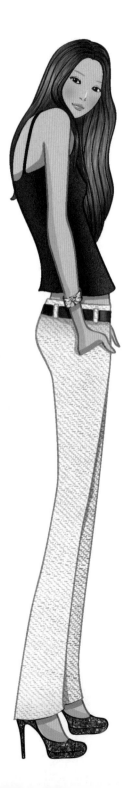

캐미솔톱 / camisole Top

여성용 짧은 속옷을 지칭하는 캐미솔과

비슷한 모양의 캐미솔톱은 보통 가슴선이

깊게 파이고 소매가 없는 대신에 가느다란

어깨끈이 달려 있다. 대부분 어깨끈이나

가슴선 등에 레이스나 리본, 프릴, 자수 등

여성적인 디테일이 많은 캐미솔톱은

탱크톱보다 장식적 요소가 많아서 작은

면적만 보여도 전체적인 스타일에

여성스러움을 더해 준다.

여성적인 디테일이 많이 들어가 있는 캐미솔톱을
한 장만 입을 때는 스커트보다 팬츠를 입는 쪽이 훨씬
시크해 보인다. 머리부터 발끝까지 여성스러운 아이템으로
코디하면 러블리해 보이기보다는 오히려
촌스럽게 보일 수 있기 때문에 주의한다.

캐미솔톱을 재킷의 이너로 입을 때도
가슴 라인에서 레이스가 드러나면 속옷처럼
비칠 수 있다. 속옷같이 보이지 않으려면
장식이 없는 심플한 디자인이 무난하다.
또 여러 가지 캐미솔톱을 갖춰 두면 날마다
다른 옷을 입은 것처럼 스타일에 변화를
줄 수 있는데, 기본 컬러 외에도 화사한
색상이나 트렌디한 디자인을 갖고 있으면
다양한 스타일링에 도움이 된다.

셔츠의 이너로 캐미솔톱을 입을 때는 밑단이 셔츠 밖으로
나오게 하면, 벨트를 맨 효과도 내면서 뱃살을
가리기에도 좋다. 이너용 캐미솔톱은 얇은 소재로
만든 몸에 딱 맞는 사이즈라야 여러 벌 껴입어도
뚱뚱해 보이지 않는다.

톱 테크닉 / Top Technic

안에 받쳐 입는 탱크톱이나 캐미솔톱은
한 장만 입으면 너무 밋밋하고 단조롭게
보일 뿐만 아니라 연출 방법에 따라
속옷처럼 보일 위험성도 크다. 하지만 입는
방법에 약간의 테크닉만 더해 주면
전체 스타일에 입체감이 생겨서 훨씬
멋져 보일 수 있는 아이템이다.

Technic 1

셔츠나 재킷 안에 다른 색상의 탱크톱을 두 장
겹쳐 입으면 코디에 훨씬 깊이가 생긴다.
일러스트처럼 가장 안쪽에 입은 탱크톱을
1cm 정도 살짝 드러내는 스킬만으로도
한결 스타일리시하게 느껴진다.

얇은 소재의 스웨터는 속옷이 비치기 때문에

탱크톱이나 캐미솔톱을 받쳐 입는

것이 좋다. 탱크톱과 입으면 스포티하게,

캐미솔톱과 입으면 섹시하게 보인다.

특히 대담하거나 화려한 무늬의 옷에

캐미솔톱을 함께 맞추면 여성스럽고

섬세한 인상을 남길 수 있다.

Technic 2

스웨터에 캐미솔톱을 받쳐 입을 때는 캐미솔톱 밑단을
스웨터 밖으로 보이도록 꺼내 입으면 한층 더 멋지다.
너무 많이 꺼내면 반듯하지 않게 보일 수 있으므로
조금만 드러낸다. 실크 소재의 광택이 있는 캐미솔톱이라면
레이스가 없어도 충분히 여성스럽게 보인다.

포근하고
따스한 마음을
스웨터로 전한다

스웨터는 'sweat(땀을 흘리다)'에서 파생된 말로, 처음에는 땀을 배출해 체중을 감량하기 위해서 착용한 운동복을 뜻했다. 그러다가 따뜻하고, 가볍고 부드러우며, 착용감이 뛰어나다는 여러 가지 장점을 이유로 보편화된 아이템이다.

스웨터는 크게 머리에서 뒤집어써서 입는 풀오버(pullover)형과 앞트임으로 되어 있는 카디건형으로 구분한다. 풀오버 스웨터는 다시 네크라인에 따라 호칭이 달라지는데, 일반적으로 브이넥이나 크루넥(crew neck) 스웨터를 가을에는 아우터로, 겨울에는 아우터 속에 받쳐 입는 이너로 즐긴다. 브이넥의 '브이(V)'는 옷깃 언저리 모양에서, 크루넥의 '크루(crew 승무원, 조정 경기 팀)'는 영국의 대학교 조정 경기 팀 선수들이 즐겨 입은 데에서 유래되었다. 또 목에 밀착되어 전체를 감싸는 터틀넥의 '터틀(turtle)'은 목을 뒤덮은 모양이 거북이의 목과 흡사해서 얻게 된 명칭이다.

　이렇게 다양한 스웨터 종류 중에서 1년 내내 입을 수 있는 한 장을 찾고 있다면, 무엇보다 소재를 살피고 나서 선택하는 것이 좋다. 속살이 비칠 정도로 아주 얇은 소재의 스웨터는 하나만 입어도 스타일리시할 뿐 아니라 재킷의 이너로 입거나 티셔츠와 겹쳐 입을 수도 있어서 가지각색의 스타일링을 취향에 따라 마음껏 연출할 수 있다.

브이넥 풀오버 / V-neck Pullover

편물로 된 상의를 총칭하는 스웨터 중에서도

브이넥이나 크루넥 등의 풀오버(앞이 트여

있지 않아서 머리 위에서 끌어당겨 입는 옷)

스웨터는 기본 중의 기본이라고 할 수 있다.

가을에는 겉옷처럼 한 장만으로 스타일

연출이 가능하고, 겨울에는 재킷이나 코트 등

아우터 안에 받쳐 입는 이너로 즐길 수 있다.

특히 'V'자 모양의 브이넥 풀오버는

목이 짧고 굵은 체형을 커버해 준다.

브이넥이 너무 깊게 파인 것 같아서 신경 쓰일 때는
스톨(stole)이나 스카프를 두르거나, 화려하고
섬세한 목걸이를 함께 착용하면 걱정할 일이 없다.
소매길이는 손목이 드러나는 7~8부가 멋스러운데,
긴소매인 경우에는 가볍게 걷어 올려서 입는다.

브이넥 스웨터는 여성 대부분이 갖고 있지만,

누구에게나 다 어울리진 않는 아이템 중

하나다. 가장 큰 원인은 브이넥의 파인

정도가 전체 스타일을 결정하는 데 있다.

브이넥이 너무 얕게 파여 있으면 뚱뚱하고

평범해 보인다. 따라서 쇄골이 거의 다

드러나고 가슴 근처까지 아슬아슬할

정도로 깊게 파여 있어야 한 장만 입든

겹쳐 입든 스타일리시하다.

브이넥 스웨터와 셔츠를 같이 입으면 스타일에서
깊이가 느껴진다. 이때 셔츠는 실크 같은 얇고 부드러운
소재가 더욱 멋지게 조화를 이룬다. 셔츠 단추는 2개쯤
풀어서 브이넥을 따라 벌리고 스웨터 밖으로 2~3cm 정도
보이게 정돈하는 방법부터 시도해 보자.

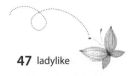

크루넥 풀오버 / crew neck Pullover

둥근 네크라인의 크루넥 풀오버 스웨터를

한 장만으로도 멋지게 소화하는 방법은

먼저 자기 몸에 적합한 사이즈를

고르는 것이다. 꽉 끼거나 너무 낙낙한

사이즈는 무조건 뚱뚱해 보인다.

목 주위가 조금 벌어진 디자인이면

부드러운 분위기를 연출하기 좋은데,

네크라인이 타원형으로 쇄골 라인을

따라 가로로 길게 파인 모양이 깔끔하다.

두꺼운 소재를 사용한 심플한 디자인의 풀오버 스웨터는
거의 목덜미까지 덮기 때문에 코디네이션을 할 때
유의할 아이템은 머플러(muffler)뿐이다.
일러스트처럼 남색 풀오버에 겨자색 머플러를 두르는
식으로 대조되는 색상을 사용하면 화려함이 더해진다.

스웨터를 갖춰 나갈 때는 남색, 회색, 검정 같은

베이식 컬러에 심플한 스타일의 풀오버부터

시작하는 편이 좋다. 장식이 많거나 디테일이

가득한 디자인은 다른 아이템과 매치하기

힘들 뿐 아니라 유행에 민감해서 오랫동안

입기도 어렵다. 또 아무리 고급스러운

스웨터라고 해도 보풀이 눈에 띄면 빈티가

나 보이므로 전용 제거기나 일회용 면도기

등으로 말끔하게 제거하고 입자.

크루넥 풀오버는 한 장만 입어도 멋스럽지만,
겹쳐 입어도 맵시가 난다. 특히 기장이 긴 풀오버를
원피스 위에 겹쳐 입으면 잘 어울리는데,
풀오버의 두께감과 원피스의 얇은 원단이 대비되어
날씬해 보이는 효과까지 얻을 수 있다.

스웨터 테크닉 / Sweater Technic

스웨터를 입을 때도 겹쳐 입기에 신경 써서

연출하면 스타일에서 입체감이 나온다.

셔츠나 티셔츠 등을 스웨터와 함께 입으면

멋스러운데, 이때도 셔츠 깃이나 소맷단,

밑단 등을 보여 주는 것이 스타일링의

비법이다. 다만 드러내는 부분들이 너무

두드러지지 않도록 하고 보이게 되는

분량을 비슷하게 맞춰 준다.

Technic 1 셔츠 깃

셔츠 위에 목둘레선이 둥그런 크루넥 스웨터를 입을 때는 셔츠 단추
를 가슴 위치까지 풀어서 브이존을 넓게 만든 후 그 위에 스웨터를 입
는다. 그러면 드러나는 쇄골에서 성숙한 섹시미를 느낄 수 있다. 셔츠
단추를 채우거나 한두 개만 푼 채 그 위에 스웨터를 겹쳐 입는다면,
아무리 깃을 세워서 입어도 절대로 세련된 느낌은 나오지 않는다.

Technic 2 소맷단

일단 셔츠 커프스(cuffs)의 2/3를 먼저 접으면 자연스러운 멋이 나
오고 감각도 뛰어나 보인다. 그런 다음 셔츠와 스웨터를 함께 잡아서
팔꿈치 아래까지 걷어 올린다. 이때 커프스 전체를 정확히 접어 버리
면 멋스럽기보다는 부자연스럽게 보인다. 또 소매를 걷지 않고 그대
로 입는 스타일은 고지식하고 진부한 인상을 남기기 쉽다.

Technic 3 밑단

스웨터와 티셔츠를 겹쳐 입을 때는 스웨터 밑단 아래로 티셔츠의 끝
자락이 살짝 드러나면 깔끔하면서 멋져 보인다. 이때 색상끼리 대비
가 강하면 눈에 띄어서 훨씬 감각적으로 보인다. 의도하지 않은 듯이
1.5cm쯤 자연스럽게 보여 주는 것이 포인트다. 너무 많이 꺼내면 칠칠
치 못하게 보일 수 있기 때문에 주의한다.

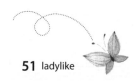

터틀넥 풀오버 / Turtleneck Pullover

목 전체를 덮는 터틀넥의 '터틀'은

바다거북이라는 뜻인데, 터틀넥은 목을

뒤덮은 모양새가 거북이 목처럼 보이는

네크라인을 지칭한다. 따라서 입을 때

가장 중요한 체크 포인트는 당연히

목 부분이다. 이곳이 헐렁하거나 늘어지면

스타일이 살지 않는다. 목에 딱 맞게

타이트한 상태의 터틀넥일수록

고급스럽고 우아해 보인다.

타이트한 터틀넥 풀오버를 스커트 안으로
넣어서 입는 것만으로도 여성스러움이 강조된다.
쇄골과 가슴을 드러내지 않더라도 충분히 여성미를
어필할 수 있다. 이런 스타일은 상반신이 날씬해
보일 뿐 아니라 지적인 이미지로 보이게 해 준다.

검정, 회색, 남색, 카키 등 기본 색상이
활용도가 높다. 허리에 살짝 라인이 들어간
디자인은 심플한 타이트스커트(tight skirt)나
팬츠에 한 장만 받쳐 입어도 우아하고
날씬해 보인다. 특히 검정 터틀넥은 턱선을
살려 줘서 얼굴 윤곽이 또렷해 보이도록
해 주는 동시에 얼굴을 작아 보이게 하는
효과도 낼 수 있다. 더욱 날씬해 보이고
싶다면 두꺼운 소재는 피하는 게 좋다.

검정보다 얼굴이 부드럽게 보이고, 베이지보다
지적으로 보이게 해 주는 그레이 터틀넥 풀오버는
어떤 색상의 겉옷이나 하의와도 멋지게 어울리는
아이템이다. 찬 바람이 불기 시작할 때 가장
먼저 눈길이 가는 스웨터는 터틀넥 풀오버다.

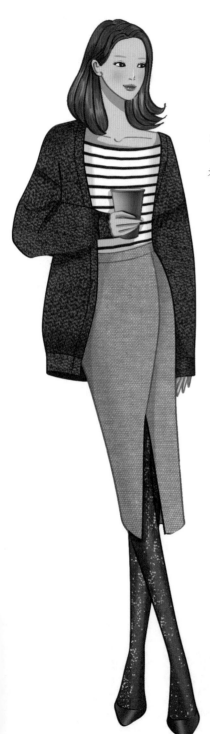

청키 스웨터 / Chunky Sweater

청키는 '땅딸막한', '두툼한'이라는 뜻인데,

청키 스웨터란 굵거나 투박한 실을 활용해서

직접 손으로 뜬 듯한 느낌을 주는 스웨터를

말한다. 같은 스웨터라고 해도 촘촘하게

짜여서 품위 있는 스웨터는 비즈니스

자리나 격식을 차리는 자리에

잘 어울린다면, 이렇게 듬성듬성 짜인

헐렁한 착용감의 청키 스웨터는

자유롭고 편안한 분위기에 잘 어울린다.

청키 스웨터는 스웨터 특유의 보온성에 풍성한 실루엣이
돋보여서 늦가을부터 초겨울까지 널리 활용되는
아이템이다. 청키 스웨터를 계절보다
앞서서 입고 싶다면 이너를 심플한 티셔츠로
맞춰서 가볍게 스타일을 즐길 수 있다.

넉넉한 실루엣을 가진 투박한 짜임의 청키
스웨터는 여유롭고 풍성한 느낌이 잘 반영된
스웨터이다. 스웨터 코트(sweater coat)
감각으로 입을 수 있어서 무릎 위
정도까지 내려오는 길이어도 멋스럽고,
터틀넥 풀오버 형태로도 개성을 나타낼
수 있다. 어떤 스타일이든 전체적으로
두툼한 짜임이 여성스럽고 포근한
느낌을 연출하기에 적합하다.

두툼한 청키 스웨터가 뚱뚱해 보일까 봐 걱정된다면,
긴 스웨터 위에 벨트를 착용해 잘록한 허리 라인을
만들어서 해결할 수 있다. 오버사이즈(oversize)
청키 스웨터를 입으면 상대적으로 다리가 날씬해
보이기 때문에 레깅스나 스키니 진(skinny jeans)과
스타일리시하게 매치한다.

트윈 세트 / Twin Set

뭘 입어야 할지 딱히 떠오르지 않을 때

원피스(one-piece)만큼이나 만만하게

선택할 수 있는 아이템이 바로 트윈 세트다.

카디건과 풀오버를 같은 소재, 무늬, 색으로

맞춘 니트 세트를 일컫는다. 보통 안에 입는

풀오버는 소매가 없거나 짧아서 팔뚝 부분을

강조하지 않는다. 클래식한 아이템이지만

캐주얼한 하의와 매치하는 등 코디법에

변화를 주면 남다른 개성을 어필할 수 있다.

브이넥보다 라운드 넥(round neck) 세트가 단정하고
세련되어 보인다. 안에 입는 풀오버 길이는 골반쯤
정도까지 오면 우아하다. 트윈 세트는 대부분 짧은 길이가
많은데, 너무 짧으면 밑위길이가 짤막한 캐주얼 하의와
맞출 때 불편하기 때문에 적절한 기장을 선택한다.

기본 중의 기본이다 보니 유행에서 멀어진

느낌도 들지만, 트윈 세트에 진주 목걸이나

스카프를 더하면 단아하면서도 감각 있어

보인다. 화려하고 선명한 색상을 입어도

단정하고 포근한 느낌이 나온다는 점이

트윈 세트만의 매력이다. 우아하게

한 벌 세트로 입어도 좋지만, 과감히

분리해서 크루넥 풀오버와 카디건으로

따로따로 맞추는 스타일도 근사하다.

편안하고 온화한 분위기가 풍기는 트윈 세트는 특히
무릎까지 내려오는 길이의 H 라인 스커트와 잘 어울린다.
또 스웨터 위에 자수나 러플(ruffle), 스팽글(spangle) 등
장식이 달린 디자인은 여성스러움을 한층 강조할 수 있고
뱃살을 가리기에도 유용하다.

롱 카디건 / Long cardigan

단정한 옷차림이 필요할 때 재킷 대신 입을 수
있는 아이템이 바로 롱 카디건이다. 기장이
길고 세로 라인을 강조할 수 있어서 날씬해
보이는 효과도 있다. 신체 곡선을 잘 살려
주는 딱 붙는 느낌이 여성미를 부각해 준다.
카디건 단추를 채우고 그 위에 벨트로 허리
라인을 살려 주거나, 가운(gown)처럼
살짝 걸친 채 스톨을 두르기만
해도 스타일이 두드러진다.

스커트 폭에 여유가 있어서 공주풍으로
보이기 쉬운 플레어스커트(flare skirt)
위에 롱 카디건을 걸치면 차분하고 세련된
스타일로 마무리할 수 있다. 카디건 길이는
자주 입는 스커트 길이와 블라우스를 살피고 나서
결정하면 실패할 일이 없다.

엉덩이가 푹 감춰지는 롱 카디건은 복부부터

허벅지, 엉덩이 등 숨기고 싶은 살을 가리기에

최적이다. 다만 몸통과 소매가 너무 헐렁하면

날씬해 보이는 효과는 기대하기 어렵다.

폭이 좁은 실루엣을 선택해서 여유로운

날씬함을 연출해 보자. 그리고 라운드 넥

보다는 브이넥 카디건이 단추를 풀어도

앞섶이 깔끔하게 떨어지기 때문에

단정한 인상을 줄 수 있다.

보이존이 좁고 얕으면 긴 카디건과 밸런스가
맞지 않으므로 첫 단추는 명치 근처에서
시작되어야 감각 있어 보인다. 카디건의 길이는
자신의 신장과 비례하는 것이 좋다.
키가 작은 여성에게 롱 카디건은
잘 어울리지 않는다.

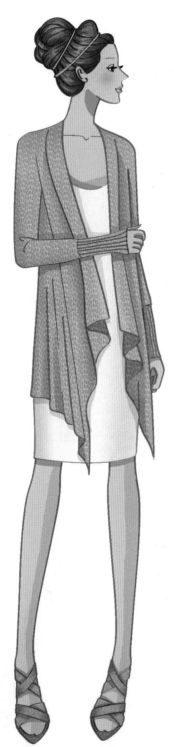

드레이프 카디건 / Drape cardigan

옷에서 여유를 느낄 수 있는 드레이프는

부드럽고 자연스럽게 나타나는 일정하지 않은

주름을 말한다. 드레이프가 있는 카디건은

언뜻 스카프나 머플러를 두른 듯이

보여서 훨씬 입체적으로 느껴진다.

불규칙하고 느슨한 주름이 볼륨감을

더하면서 고급스러운 실루엣을

완성해 주는데, 매끈하고 광택감이

있는 소재일수록 더욱 우아해 보인다.

드레이프 자체에 여성스러운 느낌이 강해서
카디건의 색상은 너무 화려하거나 눈에 띄기보다는
베이지나 그레이 등 중간색 쪽이 활용도가 높다.
벨트를 매거나 밑단의 양끝을 묶는 등 입는 방식을
바꿔 가면서 다양하게 소화할 수 있다.

간절기 아이템으로 선택하기 편한 카디건

중에서도 일반 카디건이 클래식한 인상을

남긴다면, 드레이프 카디건은 한결 드레시한

분위기를 자아낸다. 멋스러울 뿐만 아니라

배나 엉덩이 주위도 슬쩍 가려 주어서

체형 커버에도 도움이 된다.

어깨선이 잘 맞아 단정하게 떨어지는

실루엣에 엉덩이를 덮는 정도의 길이가

다양한 스타일을 연출하기 좋다.

움직일 때마다 자연스럽게 흔들리는 드레이프는
청바지 등 캐주얼 아이템과 맞춰도 여성스러운 분위기를
살려 준다. 드레이프 카디건은 소매가 딱 맞아야
날씬하고 감각 있어 보이고, 주름의 분량이 많으면 많을수록
더욱더 여성스럽게 느껴진다.

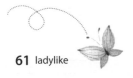

카디건 x 셔츠 / cardigan x Shirts

보통 셔츠만 한 장 입고서 어딘가 밋밋하고

초라해 보일 때는 주로 목이나 어깨에

스카프나 스톨 등을 두르게 된다.

이제부터는 그 대신에 카디건을 둘러 보자.

특히 어깨나 허리에 두르고 소매를 묶을 때는

매듭이 한가운데에 오지 않도록 해야

세련되어 보인다.

어깨에 카디건을 걸치는 게 지겹다면
허리 주위에 카디건으로 악센트를 주는 방법도
효과적이다. 이때도 셔츠 위에서 좌우
어느 쪽인가로 매듭을 엇갈리게 두는 것이 요령이다.
카디건의 단추는 모두 풀고 나서 허리에 묶어야
밑단 처리가 자연스럽고 걸을 때도 편하다.

심플한 디자인의 셔츠를 입을 때는

전체 실루엣에 볼륨감을 더해 주는 것이

멋쟁이 스타일의 비법이다. 팬츠를 입을

때도 턱(주름)이 들어간 팬츠가 굴곡이

생겨서 한결 입체적으로 보이는데, 그런

팬츠가 아닐 때는 카디건으로 입체감을

만들어 주는 방식을 사용할 수 있다.

카디건을 셔츠 안에서 허리에 묶는 방법도 시도해 보자.
통이 좁은 팬츠를 입을 때 신경 쓰이는 엉덩이 주변을
가리는 데에도 유용하다. 이때도 카디건 단추는
다 풀고 묶어야 자연스러운 주름이 나타나서
깔끔하고 멋스럽게 보인다.

카디건 테크닉 / cardigan Technic

카디건을 반듯하게만 입지 말고 어깨에

걸치거나 허리에 묶는 등 자연스럽게

변형해서 비대칭 느낌을 더하면 한층 더

스타일리시하게 보인다. 특히 선명한

색상이나 짙은 색상의 카디건을 어깨에

걸치면 전체 스타일의 악센트가 될 수 있다.

Technic 1

첫 번째 단추는 채우고 어깨에 비스듬히 걸친다.
몸에 딱 맞는 크루넥은 이런 식으로 좌우 어느 쪽이든
어긋나게 걸치면 색달라 보이면서 세련되고
여성스러운 분위기를 풍긴다. 민소매 위에 걸칠 때는
한쪽 어깨가 은근히 드러나도록 정돈한다.

카디건을 입는 감각이 아닌 걸치는 감각으로

연출하면 목 주위에 부피감이 생겨서

상대적으로 목이 가늘어 보이고, 어깨에

두른 채 소매를 묶지 않고 그대로

늘어뜨리면 어깨가 내려가 보여서 한결

부드럽고 여성스럽게 느껴진다.

Technic 2

긴팔 브이넥 카디건이라면 일단 단추를 전부 풀고
가슴 위 정도에서 한 번 소매를 묶는다.
이때도 한쪽으로 매듭을 약간 비스듬히 두면
더욱 멋스럽다. 걸을 때마다 흔들리는 매듭이
경쾌한 인상도 더해 준다.

재킷은
딱딱하고 경직되어 보이지
않도록 입는다

남성적인 아이템을 입을 때는 반드시 여성스러움이 가미되어야 섹시함이 살아난다. 재킷도 전형적인 남성 아이템이라고 할 수 있는데, 주머니에 리본을 달거나 등판에 레이스를 더하는 등 디자인을 묘하게 바꾸거나 핑크 또는 연보라색 같은 파스텔컬러(pastel color)로 여성미를 강조한 재킷은 본연의 멋을 상실하기 때문에, 섹시하기는커녕 어정쩡해 보여서 어디에도 어울리지 않는 스타일이 되어 버린다. 기본 재킷에서 허리 라인을 확실히 살리거나 안감의 색을 바꾸는 정도로도 충분히 여성적인 매력을 어필할 수 있다.

재킷을 평소처럼 타이트스커트나 기장이 긴 스트레이트 팬츠(straight pants)와 매치해서 정장같이 입으면 안전한 스타일이기는 하지만, 자칫 보수적이고 따분하게 보일 수도 있다. 요즘은 이런 경직된 분위기를 멀리하는 추세이므로 유의해야 한다. 재킷은 어떤 옷차림에도 살짝 걸치기만 하면 갖춰 입은 느낌을 주기 때문에 청바지나 면바지, 러블리한 스커트, 스니커즈(sneakers) 등 캐주얼 아이템과 믹스하면 훨씬 트렌디해 보인다.

또 재킷의 소매길이는 너무 길면 야무지지 못한 인상을 주고, 너무 짧으면 빌려 입은 옷처럼 어색해 보이기 쉬워서 반드시 신경 써야 하는 부분이다. 재킷을 단정하게 입고 팔을 내렸을 때 자연스럽게 소매가 손목을 살짝 덮는 정도의 길이라면 누구에게나 좋은 인상을 남길 수 있다.

테일러드 재킷 / Tailored Jacket

단정한 옷차림이 요구되는 자리에 언제나

등장하는 테일러드 재킷은 남색이나 검은색 등

진하고 어두운색이 다른 옷과 코디하기 쉽고,

스타일을 늘씬해 보이도록 정리해 준다.

무늬 없는 무지나 스트라이프(stripe),

체크무늬 등의 클래식한 패턴은 신뢰감을

높여 준다. 골반을 가리는 정도의 약간 긴

기장이 뱃살도 커버할 수 있을 뿐 아니라

다리도 길어 보여서 활용하기 좋다.

재킷 소매를 걷어 입으면 팔이 가늘어 보인다.
우선 한 번 접은 후 손목에서 10~13cm 정도 위로
걷어 올려서 주름을 잡는다. 남성적 형태의 재킷이라도
여성스러운 느낌이 드러나서 스타일리시해 보인다.
시계나 팔찌로 포인트를 줘도 멋지다.

정장뿐만 아니라 청바지나 원피스 등 어떤

옷과 매치해도 잘 어울리는 테일러드 재킷은

단추를 전부 채우고 너무 단정하게 입으면

유니폼처럼 느껴져서 촌스러워 보일 수

있다. 여성스러운 아이템과 매치하거나

스카프 같은 액세서리를 더해서 스타일리시하게

연출하는 것이 중요하다. 재킷의 생명인

어깨 폭이 맞지 않으면 다른 곳이 아무리

잘 맞아도 스타일이 살지 않는다.

재킷의 브이존이 좁으면 답답해 보일 수 있다.
명치와 배꼽 사이 정도에 재킷의 첫 번째 단추가 오는
깊은 브이존이 여성스럽고 예쁘게 보인다.
단추의 위치가 지나치게 아래로 내려가 있으면
상체가 길어 보이거나 허리가 굵어 보일 수 있다.

노 칼라 재킷 / No collar Jacket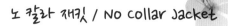

재킷의 기본형은 테일러드 재킷이지만,

이너의 옷깃 모양에 따라 코디네이션이

어렵게 느껴지는 경우가 적지 않다.

재킷 착용이 익숙하지 않은 사람이라면

오히려 칼라가 없는 노 칼라 재킷이 이너와

맞추기 편하다. 다양한 하의와 매치하기 쉽게

심플한 디자인을 선택하고, 액세서리나 이너의

색을 바꿔 가며 변화를 즐겨 보자. 때로는 이너를

재킷 밖으로 빼내서 입어도 멋스럽다.

재킷의 소재는 전체적인 분위기와 몸에 맞는
상태를 결정하기 때문에 매우 중요하다.
울(wool) 소재는 부드러운 느낌을 주고, 면 소재는 캐주얼해
보인다. 편안한 소재라도 어깨에 딱 맞아서 어깨선이
살아 있으면 반듯하고 정확히 떨어지는 느낌이 나온다.

테일러드 재킷은 상체의 살집이 고민인 여성이

입으면 볼륨감이 강조되어서 더 뚱뚱해 보인다.

트위드(tweed) 노 칼라 재킷이라면 날씬하고

여성스러우면서 부드러운 분위기를

드러낼 수 있다. 너무 두드러지지 않는

디자인의 파이핑(piping 좁은 폭으로 천을

접어서 덧댄 가두리 장식)으로 마무리하면

세로 라인이 강조되어서 깔끔하고

슬림해 보이는 효과가 있다.

옷깃이 없는 만큼 너무 단정해 보이지 않으면서도
여성스러운 느낌으로 입을 수 있는 노 칼라 재킷은 어떤 하의와
맞춰도 잘 어울리지만, 특히 팬츠와 매치하면 훨씬
멋지게 보인다. 팬츠와 맞출 때를 고려해서
짤막한 길이를 선택하는 편이 좋다.

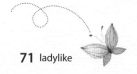

레더 재킷 / Leather Jacket

가죽 재킷은 한 장만 갖고 있어도 다양한

스타일을 연출할 수 있는 아이템이다.

한 장만으로도 특별한 멋을 낼 수 있는

가죽 재킷을 고르는 요령은 지퍼를 채웠을 때

가슴 라인이 무너지지 않고 섹시해 보이느냐에

달려 있다. 가슴 부분에 여유가 있으면

스타일리시하게 입을 수 없다.

색상은 검정보다도 부드러운 인상을 주는

갈색이나 회색을 추천한다.

가죽 재킷이라고 하면 제일 먼저 떠오르는
라이더 재킷(rider jacket)은 말 그대로 오토바이를 탈 때
착용하는 짧은 재킷으로 남성적인 이미지가 강한 아이템이다.
이런 남성스럽고 딱딱한 인상의 가죽 재킷을
부드럽고 여성적인 스커트와 매치하면 신선하다.

가죽 재킷도 깃이 없는 노 칼라 재킷이

심플해서 코디하기 수월하다.

노 칼라 재킷을 연출할 때와 마찬가지로

한쪽 옷깃만 접어서 포인트를

주거나, 양쪽 옷깃을 다 접어서

단정하게 입거나, 아니면 옷깃을

접지 않고 카디건처럼 걸쳐 입을 수도 있다.

단추나 벨트 등 장식이 없는 심플한

디자인이 다른 옷과 매치하기 편하다.

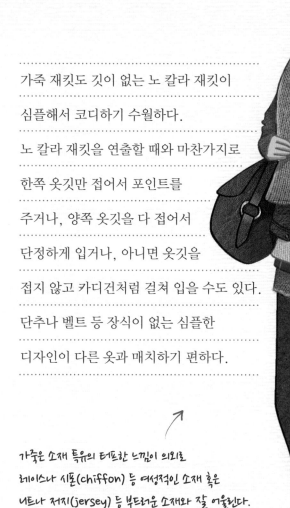

가죽은 소재 특유의 터프한 느낌이 의외로
레이스나 시폰(chiffon) 등 여성적인 소재 혹은
니트나 저지(jersey) 등 부드러운 소재와 잘 어울린다.
또 바람이 통하지 않아서 두꺼운 스웨터에
머플러를 두르면 한겨울에도 입을 수 있다.

73 ladylike

데님 재킷 / Denim Jacket

남녀노소, 시대와 장소를 가리지 않고 많은
사람이 즐겨 입는 데님은 유행과는
거리가 먼 아이템 같지만, 은근히
유행에 민감하다. 트렌드와 상관없이
데님 재킷을 입고 싶다면 너무 큰 것보다
몸에 딱 맞는 사이즈가 스타일리시하게
연출하기 편하다. 데님의 색 농도에 따라서
인상이 달라 보이므로 입어 볼 때
얼굴색과 맞는지도 체크한다.

무늬 있는 스커트나 원피스 위에 데님 재킷을 걸치면
서로의 장점이 돋보여서 스타일리시한 코디로 완성되지만
무늬가 없는 스커트와 맞추면 너무 단조로워 보일 수도 있다.
남성스러운 데님 재킷이라도 여성스러운 디테일이
더해지면 매혹적인 인상을 남길 수 있다.

꽃무늬 원피스에도, 청바지에도, 정장
바지에도 잘 어울리는 데님 재킷은 활용도가
높은 아이템이다. 데님 재킷을 오래 입으면
점차 색이 바래지는데, 구매할 때 그 점도
고려해서 너무 옅은 청색보다는 약간
진한 색을 고르는 것이 좋다.
몸에 딱 맞고 짙은 색이면 어떤 옷과
코디해도 깔끔하게 보이고, 둥그스름한
어깨선이라면 부드러운 인상을 줄 수 있다.

데님 재킷은 아우터로 걸쳐 입을 뿐 아니라, 카디건같이
허리에 감거나 남방셔츠처럼 단추를 채우고 입을 수도 있다.
따라서 어깨선이 너무 각지지 않은 디자인을 선택하면
한층 활용하기 편하다. 단추 색이나 스티치(stitch) 색도
지나치게 두드러지지 않는 쪽이 코디하기에 좋다.

너무 화려하지도,
너무 초라하지도 않은
드레스를 찾아라

상하를 어떻게 맞출지 고민할 필요가 없어서 스타일링 시간을 줄이면서도 완성도 높은 스타일을 연출할 수 있는 드레스(우리에게 친숙한 표현은 원피스)는 여자에게 없어서는 안 될 소중한 아이템이다.

하지만 본인은 시크해 보이리라 생각하며 입은 심플한 블랙 드레스 한 벌이 초라함을 강조해 우울한 인상을 주기도 하고, 단정한 옷차림이 요구되는 자리에서 스탠드칼라(stand collar) 드레스로 온몸을 꼭꼭 숨긴 모습이 답답한 인상의 금욕주의자처럼 보이기도 하고, 이 구역은 오늘 내가 접수한다는 기세로 입은 듯한 화려한 장식의 드레스가 패션 테러리스트로 보이게 만들기도 한다. 따라서 소재나 색, 무늬, 네크라인 등 섬세한 부분까지 놓치지 않고 입을 때에만 드레스의 장점이 돋보일 수 있다.

일반적으로 드레스는 그저 입는 것만으로 체형을 커버할 수 있다고 생각하기 쉽지만, 입은 사람의 몸과 드레스 실루엣이 거의 일치하기 때문에 잘못 입으면 신체의 단점이 적나라하게 노출될 수 있는 옷이기도 하다.

어깨가 벌어지면서 잘록한 허리를 강조하는 X 라인 실루엣의 드레스라면 통통한 하체도 가려주면서 우아하고 섹시한 여성미를 드러낼 수 있다. 하지만 허리에 잘록함이 없는 체형일 때는 H 라인 실루엣이 잘 어울린다. 또 A 라인 실루엣의 드레스를 입으면 다리가 가늘고 길어 보일 뿐만 아니라 젊고 우아한 이미지를 표현할 수 있다.

셔츠 드레스 / Shirt Dress

셔츠를 길게 내린 듯한 디자인의 원피스로

셔츠의 칼라와 소매를 가진 점이 특징이다.

특히 앞섶에 달린 단추 장식이 정돈되고

갖춰 입은 것처럼 보이게 해 준다.

허리를 벨트로 장식하는 형태가 많은데,

단정하면서도 활동적인 느낌을 동시에

줄 수 있다. 셔츠 드레스에서는

적당히 노출한 다리로 건강한 섹시함을

내세울 수 있어서 길이감이 중요하다.

위쪽 단추를 1~2개 풀고 깃을 젖혀서 V 자 모양으로 입는다.
치맛단까지 단추가 달려 있다면 아래쪽 단추를 풀어서
슬릿임처럼 만든다. 벨트를 스카프로 바꿔 매거나
리본 매듭을 비스듬히 옆이나 뒤로 오게 하는 등
입는 방식에 변화를 줘서 시크하게 표현한다.

시폰 드레스 / chiffon Dress

얇고 부드러운 시폰 소재는 하늘거리는

실루엣이 여성스럽고 연약한 느낌마저 풍긴다.

어떤 드레스보다 부드럽고 드레시하기 때문에

여성미를 어필해야 하는 상황에서는 언제든지

입을 수 있다. 사랑스러운 분위기의

시폰 드레스는 통통한 체형을 어른스러워

보이게 커버해 주는 장점도 있다.

무늬가 있는 시폰 드레스라면 한층 더

입체적으로 보여서 날씬하게 느껴진다.

가볍고 얇은 소재에서 자연스럽게 나타난
치맛단의 물결이 허벅지를 가늘어 보이게 한다.
허리에 고무줄이 들어간 드레스는 허리선의 윤곽을 뚜렷이
드러내서 날씬함이 강조된다. 여기에 반짝거리는
목걸이를 더해 주면 한결 화사해 보인다.

턱 드레스 / Tuck Dress

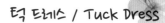

허리가 꼭 맞는 드레스의 경우에는

웨이스트(waist)에 주름이나 고무줄이 들어간

디자인을 선택하면 허리 라인이 두드러져서

날씬해 보인다. 큰 주름을 잡은 턱이나

잔잔한 드레이프가 만드는 입체감은

뱃살을 가려 주는 효과가 있다.

상체는 딱 맞고 치맛단으로 갈수록 넓어지는

A 라인 실루엣의 원피스는 다리가 실제보다

가늘고 길어 보이는 장점도 가진다.

턱 드레스를 입을 때는 큰 목걸이나 브로치(brooch) 등으로
시선을 위로 끌면 키도 커 보이고 경쾌한 인상을 줄 수 있다.
부피감이 적고 몸에 딱 붙지 않으면서
살집이 그대로 드러나지 않는 빳빳한 소재로 된
드레스가 훨씬 어른스럽고 근사해 보인다.

투톤 드레스 / Two-tone Dress

드레스는 전신을 한 장으로 폭 감싸기 때문에

시각적으로도 면적이 넓은 아이템이다.

따라서 단색이면 어딘가 밋밋하고 수수해

보이기 쉽지만, 한 벌 안에서 색상이나 소재를

전환한 투톤 드레스는 단색 드레스의 단점을

보완해 주고, 착시 현상을 일으켜서 단색

드레스보다 훨씬 슬림해 보인다.

특히 허리에서 색상이 전환되거나 소재가

바뀌면 없던 허리선이 잘록하게 드러난다.

일러스트 같은 돌먼 슬리브(dolman sleeve 소매의
진동을 깊게 파서 위쪽이 넓고 소맷부리 쪽으로
차차 좁아지는 소매)는 어깨와 양팔이 끼지
않아서 움직이기 편할 뿐만 아니라 우아한
실루엣을 만들어 준다. 게다가 팔뚝 살까지
가릴 수 있어서 더욱 좋다.

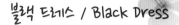

블랙 드레스 / Black Dress

멋쟁이 여성의 옷장에 반드시 있는 아이템 중

하나가 바로 블랙 드레스다. 우아한 섹시함을

표현할 수 있는 블랙 드레스는 몸매를 더욱

날씬해 보이도록 해 주고, 계절도 가리지 않고,

연출 방법에 따라서 어떤 자리에서든 입을

수 있다. 심플한 디자인의 블랙 드레스라면

소품이나 주얼리(jewelry)에 따라서

엄숙한 분위기부터 화려한 분위기까지

다양한 스타일로 즐길 수 있다.

장례식 복장처럼 보이지 않도록 소품에 컬러를
도입하는 것이 좋다. 기장은 다리가 예쁘게 보이는 길이로
선택한다. 목둘레는 너무 파이지도 않고 너무 조이지도
않는 적당한 라인을 고르면 액세서리에 따라
분위기를 바꿔 갈 수 있다.

썬드레스 / Sun Dress

휴가철 해변에서 입을 수 있는 가벼운 드레스로
어깨나 등이 많이 노출되고, 대개 화려한 색채와
프린트를 자랑한다. 무늬가 화려할수록 드레스의
실루엣은 단순한 타입을 선택해야 스타일리시하다.
선드레스는 특히 홀터넥(halter neck 팔과
등이 드러나고 뒤로 끈을 묶는 스타일)
형태가 많은데, 허리선이 돋보이는
디자인이면 가슴 라인을
예쁘게 살려 준다.

평소 주저했던 대담한 색상이나
노출도 휴가철에는 과감히 시도해 보자.
강렬한 태양 아래서는 비비드(vivid)
색상의 화려한 프린트가 시선을 사로잡는다.
바캉스풍 드레스를 입을 때는 걷기 편한
플랫 샌들(flat sandal)과 매치하면 잘 어울린다.

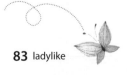

스커트를
귀엽고 사랑스럽게 입으면
유치해 보인다

스커트는 여성의 아름다움을 가장 잘 표현할 수 있는 옷임이 분명하다. 누가 입어도 여성스러워지는 아이템이지만, 너무 샤방샤방한 스커트는 무심한 듯 시크함을 추구하는 요즘 트렌드와도 부합하지 않으므로 졸업하는 편이 좋다. 베이식 아이템이라 불리는 기본 스타일의 옷을 기존에 입어 온 방식 그대로 입으면 고루하기 짝이 없다.

늘 즐겨 입던 타이트스커트는 정장 느낌이 나지 않는 캐주얼 소재를 선택하거나 매치하는 상의나 액세서리에 경쾌한 감각을 더해서 더욱 멋스럽게 입고, 여성미를 어필하고자 입던 플레어스커트는 볼륨감이 절제된 무게감을 느낄 수 있는 소재나 색으로 바꾸면, 격식을 차려야 하는 자리에서도 우아함을 잃지 않고 소화할 수 있다.

스커트를 선택할 때는 하체에 잘 맞는 사이즈나 디자인도 중요하지만, 허리 위치를 체크해 보는 것이 우선이다. 허리선이 내려간 로 웨이스트(low waist) 스커트는 뱃살이 눈에 띄지 않고 허리가 날씬해 보이는데, 이런 장점은 반드시 골반에 걸치듯 허리선을 내려서 입어야만 발휘된다. 로 웨이스트 스커트를 자기 허리 위치로 끌어올려서 입으면 뱃살이 더욱 두드러져 보일 뿐만 아니라, 스커트 길이도 짧아져서 우스꽝스러운 모습이 되어 버린다. 스커트를 입었을 때 배가 유난히 불룩해 보인다면, 뱃살을 탓하기 전에 허리 위치부터 점검해 보자.

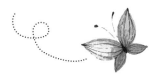

타이트스커트 / Tight Skirt

차분하고 반듯해서 특히 정장에 잘 어울리는

타이트스커트는 소재를 각별히 신경 써서

선택해야 한다. 가볍고 신축성 있는 몸에 딱

맞는 천이야말로 타이트스커트의 장점을 가장

잘 살려 준다. 약간 두툼한 원단은 신체 라인이

비치지 않아서 날씬하고 예쁘게 보인다.

무릎까지 오는 길이가 몸에 슬림하게 붙어서

단정하고 준비된 인상을 주며, 움직이기

편하고 노출이 적어 보여서 활용도가 높다.

타이트스커트에서 반드시 체크해야 할 부분은
트임(슬릿 slit)이다. 신축성 없는 천으로 만든 타이트스커트는
걸을 때 뒤쪽 슬릿이 벌어져서 섹시해 보인다.
하지만 너무 많이 열리면 보기 흉하고, 트임이 없으면
걷기 불편하므로 꼼꼼히 체크해야 한다.

타이트스커트를 멋스럽게 소화하고 싶다면

소재나 트임 위치에 변화를 주는데, 데님이나

코튼(cotton) 등 캐주얼한 소재는 부드러운

인상을 남기고, 슬릿이 앞이나 옆으로 오면

한층 섹시하다. 스커트 밑단이 좁아지는

타입은 세로 라인이 강조되어서 날씬해

보이는 효과도 있다. 하체가 약간 비만인

여성이라면 밝은색 스커트보다는 당연히

어두운색 스커트가 슬림해 보여서 잘 맞는다.

나이 들면서 스커트를 예쁘게 입는 방법 중 하나가
무릎을 드러내지 않는 것이다. 무릎 아래까지 아슬아슬하게
닿는 길이가 전신을 더욱 날씬하고 길어 보이게 해 준다.
이때 상의가 타이트한 스타일이면 경쾌한 느낌을 주고,
약간 낙낙한 니트와 맞추면 스타일리시하다.

턱 타이트스커트 / Tuck Tight Skirt

허리 부분에 턱(주름)이 잡혀 있어서 타이트스커트

보다 활동성이 높은 스커트다. 하지만 배가 나온

여성은 잘못 입으면 오히려 아랫배가 툭

튀어나와 보여서 흉하기 때문에 유의해야 한다.

허릿단에 주름이 잡힌 턱 스커트는 배를 눌러

주는 효과가 있는데, 주름이 약간 옆쪽으로

잡혀 있으면 입체감이 드러나서 한층 더

스타일리시해 보인다. 일반적으로

주름의 폭은 조금 넓은 쪽이 예쁘다.

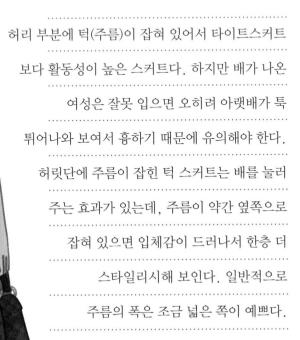

턱 스커트와 허리선 정도까지 오는 재킷을 매치하면
단정할 뿐 아니라 다리도 길어 보인다.
허리 위치보다 살짝 길면 뱃살을 가리기에도 좋다.
스커트와 맞추는 상의는 너무 여성스럽지 않은
심플한 스타일을 선택하면 쿨하게 보인다.

주름이 만드는 입체감이 세로 라인을 강조하고

살짝 아래로 퍼지는 실루엣을 완성해 날씬하고

여성스러워 보인다. 게다가 활동하기도

편하고, 단정하면서 캐주얼한 분위기에도

잘 어울리고, 적당한 A 라인 덕분에

다리도 한층 가늘게 느껴진다.

다만 스커트 기장이 종아리의 가장 두꺼운

부분에서 끝나면, 가늘어 보이기는커녕

더욱 두꺼워 보이므로 길이에 신경을 쓰자.

사선으로 턱이 들어가거나 스커트를 허리 위치보다
살짝 내려서 입으면, 볼록하게 나온 아랫배가 잘 가려진다.
약간 빳빳한 소재라면 엉덩이나 뱃살을 가리기에는
훨씬 더 좋다. 스커트와 같은 색상의 타이츠(tights)와
구두를 신으면 세로로 긴 느낌이 들어서 날씬해 보인다.

플레어스커트 / Flare Skirt

플레어스커트는 체형에 구애받지 않고 누가 입어도 잘 어울리는 아이템이지만, 특히 굵은 허벅지를 커버하기에 가장 알맞다. 다만 허벅지를 감추겠다고 너무 볼륨감이 지나친 것을 고집하면 오히려 역효과를 낳는다. 스커트 길이가 짧아질수록 너무 퍼지지 않는 모양을 선택해야 절제된 아름다움이 드러난다. 또 너무 얇은 소재는 싸구려로 보일 위험이 있다.

플레어스커트를 시크하게 입는 방법은 상의를 몸에 딱 맞는 사이즈로 고르는 것이다. 그렇게 하면 스커트의 여성스러움이 억제되어서 어른스럽게 보인다. 핸드백은 포셰트(pochette)나 클러치 백(clutch bag)처럼 자그마한 타입이 스타일에 방해되지 않는다.

스커트는 길이에 따라서 인상이 바뀌는
아이템이다. 무릎까지 오는 정도가 맵시 있게
입기 좋은 기장이다. 미니보다 길고 롱보다
짧은 미디 길이의 플레어스커트라면 종아리가
가려지고, 가느다란 발목이 강조되어서
다리에 자신 없는 사람도 시도해 볼 만하다.
경쾌한 인상을 주고 싶다면 짧은 기장을
선택하기보다는 가볍고 밝은 색상을
골라야 효과적이다.

플레어스커트는 볼륨감이 생명이지만,
주름이 많으면 지나치게 볼륨이 커지므로 조심한다.
앞면에 주름이 적당히 잡히고 뒷면은 앞쪽보다
주름이 많이 잡히면, 엉덩이의 볼륨감도 살릴 수 있어서
별다른 특징 없이 스커트 하나로도 만족스러운
스타일이 완성된다.

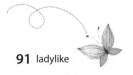

플리츠스커트 / Pleats Skirt

일명 주름치마라고 부르는 플리츠스커트는

주름을 접는 방식에 따라서 종류가 나뉜다.

무엇보다도 허리부터 밑단까지 주름이 잡힌

세로선이 시각적으로 다리를 길어 보이게

하는 것이 큰 장점이다. 또 허리는 조이지만

엉덩이 밑으로는 퍼지기 때문에

상의를 가능한 한 타이트하게 입으면,

전체 실루엣에 강약이 나와서

입체감 있는 스타일을 연출할 수 있다.

플리츠스커트와 맞추는 상의를 스커트 안으로 넣어서
허리 라인을 'ㅡ' 자로 정리하면 단정하고
깔끔해 보인다. 이렇게 하면 자연스럽게
섹시한 X 라인이 만들어져서 여성스러움보다는
어른스러움을 부각할 수 있는 코디로 완성된다.

플리츠스커트도 플레어스커트와 마찬가지로

너무 넓게 퍼지면 오히려 뚱뚱해 보인다.

시폰 소재라면 적당히 퍼지는 우아한 주름을

만들어 주면서 투명한 느낌으로 경쾌해 보이고,

부드러운 질감이 허리와 엉덩이의 볼륨을

차분하게 정리해 준다. 길이가 아예 긴

플리츠스커트는 허리가 잘록해 보이고,

다리 길이가 쉽게 짐작되지 않아서

감각적으로 입을 수 있다.

상의의 밑단을 하의 안에 전부 넣지 않고 'U'자
모양이 되도록 가운데 부분만 밖으로 살짝 빼내면
뱃살도 감출 수 있다. 또 좌우 비대칭 모양의
'하프 턱(half-tuck 상의의 앞단을 한쪽 자락만
집어넣고 다른 한쪽은 밖으로 빼내는 것)'으로
연출하면 다리도 길어 보인다.

패턴 스커트 / Pattern Skirt

패턴 스커트는 패턴의 크기와 사용된 색에 따라 분위기가 달라진다. 조금 더 날씬해 보이려면 큼직한 패턴에 색상을 적게 사용하는 것이 적절하다. 특히 패턴의 어딘가에 검정이 들어가면 훨씬 날씬해 보인다. 무릎 정도까지 오는 A 라인 스커트라면 다리 굵기도 커버할 수 있지만, 종아리까지 내려오는 어중간한 길이는 굵은 종아리를 강조하므로 각별히 조심해야 한다.

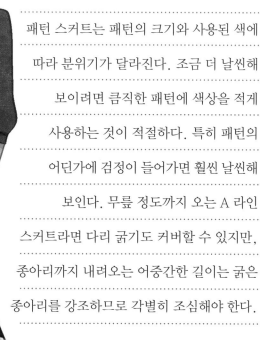

스커트의 패턴이 눈에 띄는 만큼 상의는 패턴의 베이스 색으로 정돈해야 전체 코디에 균형감이 잡힌다. 여기에 같은 색상의 아우터를 걸치면 가을 겨울에도 스타일리시하게 연출할 수 있다. 패턴 스커트는 특히 아우터를 걸칠 때 코디에 방해되지 않아서 추운 계절에 활용하기 좋다.

평소 심플한 코디를 선호하더라도 가끔은

대담한 패턴 스커트로 스타일을 바꿔 보자.

화려하고 강한 패턴일수록 패턴만 도드라지기

쉬우므로 액세서리도 동색 계열을 사용해서

눈에 띄는 패턴을 가라앉히면 멋스럽다.

또 커다란 패턴은 너무 컬러풀하면 자칫

촌스럽게 보일 수도 있어서 차분한

색으로 이루어진 패턴 스커트로 세련미를

어필하는 것이 좋다.

일반적으로 패턴 스커트는 화려하고 강한 인상을
남기기 쉽다. 패턴 스커트를 입고도 과해 보이지 않는
방법으로는 스커트에 들어 있는 색상 중에서
가장 진한 색이나 가장 흐린 색을 하나 선택해서
상의에도 사용하면, 안정적이고 세련되어 보인다.

예쁘고 여성스럽게
보이도록 입어야 할 옷은
팬츠다

어느새 둥근 곡선을 그려야 하는 엉덩이는 펑퍼짐하게 처지기 시작하고, 어릴 때부터 두께만큼은 절대 남에게 뒤지지 않던 허벅지는 나이를 먹어도 변함이 없다. 하지만 너무 슬퍼하지 말자. 이 저주받은 하체의 구세주인 팬츠가 있으니 말이다.

단, 저주를 풀어 줄 팬츠는 허리가 아니라 허벅지에 잘 맞는 사이즈라야 한다. 특히 팬츠 중앙에 주름이 있는 경우, 허벅지에서 그 주름이 뭉개지거나 깔끔한 라인이 나오지 않는다면 과감히 한 치수 큰 것을 입어 보자. 틀림없이 한 사이즈 위가 훨씬 날씬해 보인다.

평소 입던 사이즈에만 집착해서 꽉 끼는 터질 듯한 바지를 입으면 엉덩이가 바지를 먹거나, 허벅지 안쪽에 가로 주름이 자글자글하거나,

주머니가 헤벌쭉 벌어진 채 다니게 된다. 이런 차림새는 뚱뚱해 보일 뿐 아니라 보는 사람이 다 민망할 지경이다. 허벅지의 탄력이 느껴지면서 적당히 여유 있는 팬츠만이 오래도록 지속되어 온 하체의 저주를 끊어낼 수 있다.

한 가지 더 덧붙이자면 발목으로 내려갈수록 좁아지는 팬츠(테이퍼드 팬츠 tapered pants)는 언제나 옳은 선택이다. 게다가 복사뼈를 드러내는 길이를 유지하면 상큼하고 여성스러우면서 날씬해 보인다. 그렇지만 팬츠 길이가 그보다 짧아지면 가벼운 인상을 남기기 딱 좋다는 사실도 잊지 말자.

테이퍼드 팬츠 / Tapered Pants

테이퍼드란 '끝이 가늘어진', '점점 작아진'이란

뜻인데, 테이퍼드 팬츠는 허리 아래부터

엉덩이에 여유가 있고, 발목으로 갈수록

점점 좁아지는 실루엣을 가진다. 복사뼈가

보이는 정도의 길이에 주머니가 있고,

허리 주위에 턱(주름)이 들어간 디자인이

예쁘다. 주름이 없으면 허리 부분이

타이트하기 때문에 배가 조금만 나와도

금방 눈에 띄고, 움직일 때도 불편하다.

테이퍼드 팬츠는 약간 여유 있는 실루엣이므로 상반신을 빳빳한 소재의 딱 맞는 재킷으로 타이트하게 맞추면 전체 밸런스가 적절하게 잡힌다. 허리를 가리는 정도의 재킷 기장에 소매도 롤업(roll-up)해서 입으면 우아하고 여성적인 분위기를 연출하기에 좋다.

팬츠 턱의 폭과 길이는 입은 상태에서
체크해 보고 잘 어울리는 모양을 고르는데,
자연스럽고 여유로운 투 턱(two tuck 두 줄
주름형) 팬츠를 추천한다. 턱이 너무 넓으면
오히려 뚱뚱해 보일 위험이 있고,
팬츠에 앞 주름선이 잡혀 있으면 한결
날씬해 보인다. 하지만 투 턱 팬츠는
엉덩이가 커 보일 수 있으므로 반드시
뒷모습을 확인하고 나서 선택해야 한다.

고무 밴드로 된 허리는 착용감도 뛰어나다. 턱이 들어가면
엉덩이와 허벅지에 적당히 여유가 생겨서 뱃살을
가리기에도 좋기 때문에 배가 나왔을 때는
특히 적극적으로 활용하자. 바짓단으로 가면서 완만하게
좁아지는 실루엣은 다리도 가늘어 보이게 해 준다.

크롭 팬츠 / crop Pants

크롭 팬츠란 발목이 보이는 7~8부 길이의
팬츠를 지칭한다. 발목이 드러나면서 전체
스타일이 산뜻해 보이므로 적절하게 활용하자.
바지통이 좁고, 가느다란 발목이 강조되어서
자신을 돋보이게 해 주는 크롭 팬츠는
반드시 갖춰 두어야 할 아이템이다.
밑단이 깔끔하게 커팅된 스타일과 밑단을
접어 올린 턴업(turn-up) 스타일의 두 가지
타입을 마련해 두면 사용하기 좋다.

드러난 발목이 여성스러움을 어필하기 때문에
캐주얼하게 상의를 입거나, 매니시하게
상반신을 연출해도 여성스러움을 잃지 않는다.
한겨울에 무거운 코트를 입었을 때도 발목을 드러낸
길이의 크롭 팬츠라면 경쾌하고 가벼워 보인다.

굽이 낮은 플랫 슈즈(flat shoes)를 즐겨

신는 여성이 입기 좋은 크롭 팬츠는

뭐니 뭐니 해도 발목이 가늘어 보인다는

장점이 있다. 종아리가 가늘어 보이는

팬츠 길이를 선택하고, 바지폭은 약간

슬림한 스타일로 고르면 호리호리해 보인다.

발목을 드러낸 팬츠는 경쾌해 보일 뿐 아니라

훨씬 시원해 보여서 날씨가 더울 때 주저 없이

선택할 수 있는 스타일이다.

정장 분위기의 크롭 팬츠를 캐주얼하게 연출하면
신선한 느낌을 줄 수 있다. 후디(hoodie)나
스웨트 셔츠(sweat shirt), 스니커즈 등
캐주얼 아이템과 맞춰도 어른스러운
경쾌함이 배어난다.

와이드 팬츠 / Wide Pants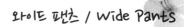

코디하기 만만치 않을 듯한 바지통이 넓은

와이드 팬츠는 조금만 연구하면 체형을 커버

하기도 좋고, 스타일리시하게 입을 수 있는

아이템이다. 특히 하체에 자신이 없다면

반드시 시도해 보자. 아래로 내려갈수록

통이 넓어지는 팬츠는 다리를 실제보다

길어 보이게 해 준다. 팬츠 소재가

적당히 매끄러우면 드레시

하게 보이면서 코디의 폭도 넓어진다.

와이드 팬츠와 매치하는 상의는 기장이 짧고
전체적으로 타이트한 스타일이 잘 어울린다.
허리는 최대한 가늘어 보이게 만들고,
허리선도 높이는 쪽이 좋다. 모자나 안경,
긴 목걸이, 클러치 백 등 작지만 감각이 느껴지는
액세서리를 더하면 한결 세련되어 보인다.

와이드 팬츠를 고를 때 가장 중요한 포인트는

바지 기장이다. 신발을 신은 상태로 바지

밑단이 바닥에서 3~5cm 정도 올라오게

맞춘다. 힐(heel)을 신었을 때는 바닥에서

5cm 정도 올라오면 예쁘고, 굽이 낮은

구두나 운동화는 3cm 정도 올라올 때

잘 어울린다. 바지 아랫단이 구두 굽의

높이가 안 보일 정도로 내려와 있으면

다리가 훨씬 길어 보인다.

힐을 신고 바짓단이 바닥에서 3cm 정도
올라온다면, 플랫 슈즈나 스니커즈는
바짓단이 땅에 닿아서 볼품없어 보인다.
일단 와이드 팬츠 길이의 기본은 구두 굽을
기준으로 바짓단을 밟지 않게 바닥에서
살짝 위인 기장으로 맞추면 된다.

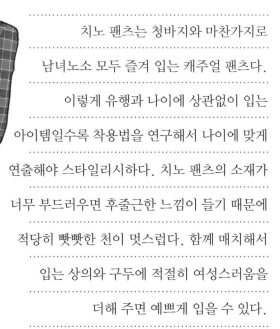

치노 팬츠 / chino Pants

치노 팬츠는 청바지와 마찬가지로

남녀노소 모두 즐겨 입는 캐주얼 팬츠다.

이렇게 유행과 나이에 상관없이 입는

아이템일수록 착용법을 연구해서 나이에 맞게

연출해야 스타일리시하다. 치노 팬츠의 소재가

너무 부드러우면 후줄근한 느낌이 들기 때문에

적당히 빳빳한 천이 멋스럽다. 함께 매치해서

입는 상의와 구두에 적절히 여성스러움을

더해 주면 예쁘게 입을 수 있다.

치노 팬츠는 누구나 친숙하고 편하게 애용하는
대표적 팬츠지만, 전신이 너무 캐주얼해
보이지 않도록 소품에 신경 써야 한다.
비비드 컬러처럼 눈에 띄는 색상을
작은 면적에라도 사용하면 세련되어 보인다.

흔히 '면바지'라 불리는 치노 팬츠는

캐주얼부터 클래식까지 두루 잘 어울린다.

너무 딱 맞지도 헐렁하지도 않은 적당한

핏감의 실루엣에 밑단이 좁아지는

스타일이라면 어디에나 맞추기 편하다.

구매할 때는 반드시 입어 보고 전체 느낌을

살피고 나서 잘 맞는 팬츠를 선택한다.

베이지 치노 팬츠에는 진한 색상의 상의를

맞추면 또렷한 인상을 남길 수 있다.

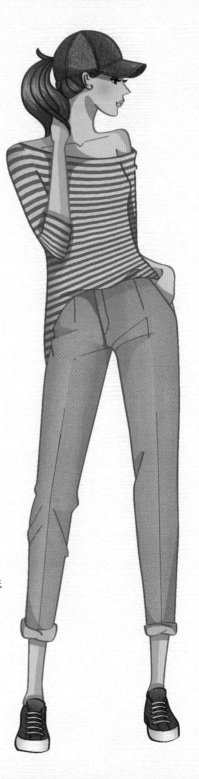

치노 팬츠를 입고, 스니커즈를 신고, 모자까지 쓰면
한껏 활동적인 스타일로 연출할 수 있다. 이때도 너무
캐주얼해 보이지 않도록 차분한 색의 아이템과 매치하는
것이 좋다. 밑위길이가 너무 짧으면 엉덩이에
바지가 낀 채 다닐 수 있으므로 주의한다.

카고 팬츠 / cargo Pants
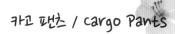

허벅지 양쪽에 커다란 건빵 모양의 주머니가
달려서 '건빵 바지'라고도 불리는 카고 팬츠는
소재에 따라 스타일의 변화를 줄 수 있다.
면 소재는 캐주얼한 스타일에 적합하고,
폴리에스터(polyester)나 마직 소재는
정장풍으로 연출할 수 있다. 면 소재의
카고 팬츠에 티셔츠 한 장만 입지 않고,
조끼를 걸치거나 액세서리로 포인트를 주면
품위 있는 캐주얼 차림이 완성된다.

카고 팬츠는 카키색이 기본인데, 청바지를 즐겨 입는
사람이 살짝 변화를 주고 싶을 때 선택하면
지나치게 캐주얼하지 않으면서 세련되어 보인다.
상의에 베이지 계열 니트를 맞추면 여성스럽고
편안한 분위기를 연출할 수 있다.

자칫 남성적으로 보이기 쉬운 카고 팬츠는

어딘가에 여성스러움을 가미해야 스타일이

돋보이는데, 바지통이 넓거나 무릎이 나와

있으면 남자 작업복을 입은 듯한 인상을 준다.

여성의 카고 팬츠는 바지통이 좁거나

바짓단을 롤업해서 발목을 드러내야 예쁘다.

카키색 자체가 차분한 느낌을 주기 때문에

파스텔컬러의 아이템과 매치하면

화사하게 잘 어울린다.

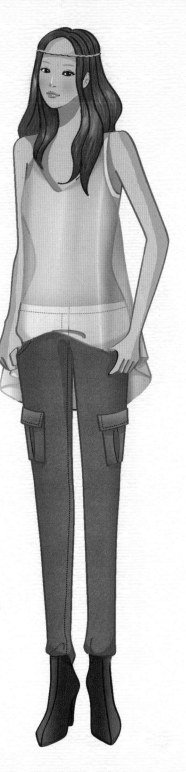

카고 팬츠는 기본적으로 빈티지(vintage)한 느낌이
강해서 티셔츠나 캐주얼 셔츠 등과 코디하기 편하다.
허리에서 발목 쪽으로 내려갈수록 폭이 좁아지는 형태의
테이퍼드 슬림 핏 팬츠(tapered slim fit pants)라면
과하게 캐주얼해 보이지 않는다.

데님 팬츠 / Denim Pants

유행에 가장 민감한 청바지 중에서도

슬림 핏의 스키니 진은 늘씬하고 다리가

길어 보인다는 장점 덕분에 이제는

기본 아이템으로 자리 잡았다. 전체적으로

타이트하고 다리 라인이 그대로

드러나기 때문에 섹시해 보이지만,

자칫 하체가 부담스러워 보일 수 있다.

그런 경우에는 상의를 길게 입고

하이힐(high heel)을 맞춰 신으면 해결된다.

데님 팬츠는 어떤 상의와도 잘 어울리므로 선호도가 높다.
특히 청바지에 재킷을 걸칠 때는 하이힐을 맞춰서
여성미를 더해 주면 스타일리시해 보인다.
데님 팬츠가 슬림한 만큼 재킷은 약간
여유 있는 스타일로 고르면 트렌디한 인상을 준다.

신축성이 있는 데님 소재는 허리가 딱 맞는

타입보다 허벅지와 종아리가 착 붙는 쪽을

선택하면 다리가 예쁘게 보이지만, 다리에

자신 없는 경우라면 신축성 없는 소재가 체형

커버에 좋다. 구매할 때는 반드시 앉아 보고

허리와 엉덩이가 너무 드러나지 않는지 체크한다.

청바지 외에 화이트 진(white jeans)이나

블랙 진(black jeans)도 갖춰 두면

다양한 스타일을 즐길 수 있다.

스키니 진은 힐뿐만 아니라 스니커즈, 플랫 슈즈, 펌프스
(pumps), 부츠(boots) 등 어떤 유형의 신발과도
전부 잘 어울린다. 캐주얼 스타일로 연출할 때는
액세서리나 이너 웨어에 포인트를 주면 고급스러워 보인다.
바짓단을 롤업하면 더욱 경쾌한 느낌을 줄 수 있다.

롤업 테크닉 / Roll-up Technic

데님 팬츠를 입고 특히 굽이 낮은 구두나

스니커즈를 매치할 때, 바짓단이 땅에

끌리지 않게 하려고 대충 말아 올린 듯한

인상을 줄 바엔 차라리 롤업하지 않는

편이 낫다. 롤업할 때는 맞추는 상의나

구두의 분위기와 밸런스를 고려하면서

다양한 방식을 시도해 보자.

Technic 1

2cm 정도 폭으로 좁게 한 번만 접어 올린다.
통이 좁은 데님 팬츠에 플랫 슈즈를 신을 때
이런 식으로 접으면 어른스러우면서
예쁘게 정리된다.

2cm

데님 팬츠의 끝단이 보이도록 두 번 접는

방식은 깔끔하게 정리되어서 훨씬 단정해

보이는데, 접힌 부분이 복사뼈 위로

10cm 정도 위치에 오면 날씬해 보인다.

아래에 표기한 접는 폭은 어디까지나

기준으로 제시했을 뿐이므로 각자 자신에게

맞는 최상의 밸런스를 찾아보자.

Technic 2

일단 6~7cm 폭으로 한 번 접어 올린다.
그 다음 2.5cm 정도 폭으로 한 번 더 접는다.
이렇게 하면 일러스트처럼 데님 팬츠의
끝단이 1cm가량 남아서 깔끔해 보인다.

2.5cm

1cm

111 ladylike

하프 팬츠 / Half Pants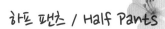

무릎 근처에서 커트한 짧은 바지나

반바지를 지칭하는 하프 팬츠는 언제부턴가

'하의 실종' 패션이 유행하면서 훨씬

짧아진 쇼트 팬츠(short pants)가 대세로

떠올랐다. 스타일에 자신 없거나 나이가 들면

피하기 쉬운 아이템이지만, 무더운 여름에는

한 번 시도해 보자. 이때 노출 면적이

커지더라도 우아함을 잃지 않도록

연출하는 요령을 익히는 것이 중요하다.

덥다고 하프 팬츠에 민소매 스타일을 잘못 연출하면
저급해 보일 수 있다. 이렇게 옷의 면적이 작아서
노출이 과해 보이면 핸드백을 빅 백(big bag)으로
들거나 신발은 부츠를 신는 등 전체 스타일에서
노출 면적을 줄여 주는 게 좋다.

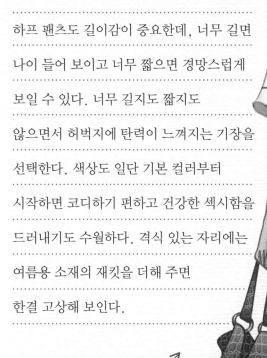

하프 팬츠도 길이감이 중요한데, 너무 길면
나이 들어 보이고 너무 짧으면 경망스럽게
보일 수 있다. 너무 길지도 짧지도
않으면서 허벅지에 탄력이 느껴지는 기장을
선택한다. 색상도 일단 기본 컬러부터
시작하면 코디하기 편하고 건강한 섹시함을
드러내기도 수월하다. 격식 있는 자리에는
여름용 소재의 재킷을 더해 주면
한결 고상해 보인다.

하프 팬츠가 너무 캐주얼하게 여겨지면
데님이나 가죽 같은 소재로 어른스러운
스타일을 연출할 수 있다. 상의는 심플한
티셔츠 한 장만 입더라도 구두나 가방 등
소품에서 고급스러움을 더하면 세련미가 넘친다.

코트는
찬 바람을 막는 것보다
스타일이 먼저다

따뜻한 카디건이나 재킷만으로도 가을철 외출에는 무리가 없고, 두툼한 점퍼(jumper)만으로도 얼마든지 겨울철 추위를 막아 낼 수 있다. 하지만 진정한 가을 겨울의 스타일링을 완성하고 싶다면 역시 코트를 빼놓고는 얘기할 수 없다. 코트를 걸치고 나서야 비로소 품위 있고 멋지게 진짜 계절과 마주할 수 있다.

스타일리시한 여성은 적극적으로 코트를 활용할 줄 안다. 뭐니 뭐니 해도 코트는 겨울이 주된 활동 시기지만, 멋쟁이라 불리는 여성은 봄가을에도 트렌치코트(trench coat)로 다양한 분위기를 연출한다. 단추를 여닫는 방법, 벨트를 묶는 방법, 깃을 세우는 방법 등을 바꾸는 것만으로 스타일에 다양한 변화를 줄 수 있기 때문에 제대로 된 트렌치코트 한 벌만 갖춰 두면 여러 벌의 효과를 낼 수 있다.

간결한 실루엣 속에 부드러운 이미지를 담고 있는 클래식한 코트는 입고 있는 사람을 이지적으로 보여 준다. 다만 심플한 디자인의 코트일 수록 기본 컬러에 모직 소재같이 고급스러운 분위기를 지니고 있어야 지적인 이미지를 전할 수 있다.

코트로 섹시함을 어필하고 싶다면 적절한 소재는 단연 모피다. 걸치는 즉시 섹시한 여자로 변신하게 해 주는 모피 코트지만, 보는 사람이 부담스럽다고 느낄 정도로 도가 지나치면 복부인을 연상하게 할 수도 있으므로 부피가 커 보이지 않도록 반드시 한군데는 슬림하게 연출한다.

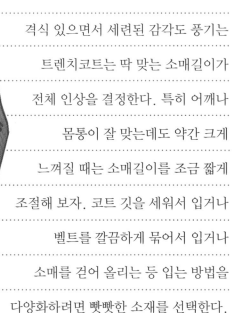

트렌치코트 / Trench coat

격식 있으면서 세련된 감각도 풍기는

트렌치코트는 딱 맞는 소매길이가

전체 인상을 결정한다. 특히 어깨나

몸통이 잘 맞는데도 약간 크게

느껴질 때는 소매길이를 조금 짧게

조절해 보자. 코트 깃을 세워서 입거나

벨트를 깔끔하게 묶어서 입거나

소매를 걷어 올리는 등 입는 방법을

다양화하려면 빳빳한 소재를 선택한다.

스커트와 맞출 때는 코트 밑단 아래로 스커트가
나오지 않아야 깔끔하다. 단정해 보이고 싶을 때는
단추를 채우고 벨트도 꽉 맨다. 원피스 감각으로
입어도 세련되어 보이는데, 이런 스타일을 연출할 때는
딱 맞는 사이즈와 좁은 폭의 실루엣이 어울린다.

트렌치코트는 디자인이 정해져 있는 아이템이지만, 캐주얼한 옷차림을 즐긴다면 약간 긴 기장이 좋다. 데님 팬츠에 티셔츠를 입고 트렌치코트를 걸칠 때는 단추를 전부 열고 입으면 멋스럽고, 벨트는 대수롭지 않게 주머니에 넣어서 내추럴한 느낌을 더한다. 벨트를 슬쩍 뒤로 묶어도 자연스러운 허리 라인이 나오지만, 뒤쪽에 리본 모양을 만들어서 묶으면 촌스러워 보인다.

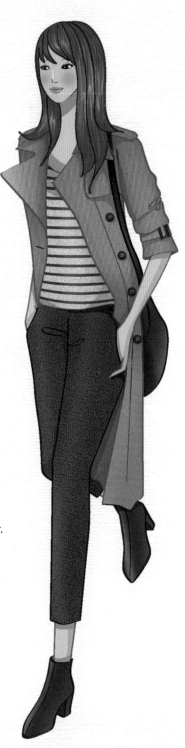

컬러는 역시 어떤 옷과도 코디하기 편한 베이지로 시작한다. 같은 베이지라도 브랜드에 따라서 색조가 다양한데, 약간 짙은 베이지가 한결 날씬해 보인다. 붙였다 떼었다 할 수 있는 안감이 달려 있으면 여름철을 제외한 나머지 세 계절 동안 입을 수 있어서 좋다.

트렌치코트 테크닉 / Trench coat Technic

트렌치코트의 벨트 매듭은 무작위로 묶은

듯한 모양이 훨씬 어른스럽고 세련되어

보인다. 이때 바깥쪽으로 보이는 한쪽

리본이 세련미의 포인트가 된다. 또 벨트

길이도 차이가 나게 묶으면 한결 멋스럽다.

트렌치코트는 남성스러운 아이템이므로

구두도 힐을 신어서 여성스러움을

더하면 부드러운 인상을 남길 수 있다.

트렌치코트 벨트 연출법

① 고리를 바깥쪽으로 드러나게 만들기 위해서 매듭 위치를 사이드에서 시작한다. 일러스트처럼 벨트를 교차해서 한 번 묶는다. 이때 꽉 조여서 묶으면 완성된 모양이 예쁘다.

② 아래쪽에 놓인 벨트로 고리를 만들고, 위쪽에 놓인 벨트를 고리 아래쪽으로 한 번 돌려 감으면서 고리 안으로 통과시킨다.

③ 꽉 묶어서 한쪽 매듭으로 만드는데, 이때 벨트 길이에 차이가 나도록 조절하면서 마무리한다.

세미체스터 코트 / Semi-chester coat

전통적인 코트의 대표는 역시 체스터필드
(chesterfield) 코트다. 4~6개의 단추가
더블(double)로 달리고, 허리 라인 없이
일자로 무릎까지 내려오는 기장이 특징인데,
이런 클래식 코트를 조금 캐주얼하게 응용한
디자인이 세미체스터 코트다. 이렇게
직선적이고 심플한 코트는 프로페셔널한
인상을 준다. 특히 허리 라인이 들어가
있으면 훨씬 여성스럽게 보인다.

남성적 아이템인 세미체스터 코트를 입을 때는
여성스러운 색상이나 디자인의 이너를 선택하면
감각 있어 보인다. 코트의 브이존이 너무 깊으면
코디하기에 어려울 수 있으므로, 안에 받쳐 입는 옷을
가리지 않는 얕은 브이존부터 먼저 시도해 본다.

대표적인 겨울철 코트라면 세미체스터 코트를 들 수 있다. 다소 좁은 폭의 H 라인 코트는 날씬하고 섹시해 보이지만, 기본형 세미체스터 코트를 평범하게 입으면 고루해 보일 뿐만 아니라 딱딱한 인상을 줄 수도 있다. 스톨이나 스누드(snood) 같은 캐주얼 소품을 더하거나 이너가 보이게 단추를 푸는 등 입는 방식의 다양화로 세련된 분위기를 연출해 보자.

너무 얇거나 부드러운 코트 소재는 몸매가 두드러지기 쉽다. 단추를 채워 입든 풀든 적당히 두껍고 단단한 소재가 세로 라인을 강조해 줘서 날씬한 느낌을 준다. 색상은 짙은 색일 때 슬림해 보이고, 기장은 무릎 위가 경쾌해 보인다.

다운 코트 / Down coat

원래 다운이란 새의 깃털을 뜻하는데, 주로

오리의 가슴털을 옷감 사이에 채워서

만든 코트를 다운 코트라고 부른다.

코트뿐 아니라 재킷이나 조끼 등 모든

다운 웨어(down wear)는 가볍고 따뜻해서

겨울철에 애용되는 필수 아이템인데,

두툼한 부피가 느껴지지 않게 입는 요령이

핵심이다. 허리 라인이 살짝 들어간 다운

코트라야 여성스러우면서 날씬해 보인다.

허리가 들어가도 다운 자체의 부피감으로 상체가
퍼져 보이기 쉬운데, 하의를 스키니 팬츠처럼
딱 붙는 스타일로 입으면 둔하게 느껴지지 않는다.
모노톤으로 정리하면서 이너를 밝은색으로 맞추면
가볍고 상쾌한 인상을 줄 수 있다.

스포티한 다운 코트라고 해도 받쳐 입는 이너 웨어를 정장 스타일로 선택하면 캐주얼한 느낌이 들지 않는다. 게다가 코트의 실루엣이 좁고 슬림하면 드레시하게 연출할 수 있다. 또 머플러를 하의 색상과 맞춰 두르면 전체 스타일이 이어져서 날씬하고 키가 커 보이는 효과가 나타난다. 광택감이 있는 다운 코트라면 나머지 아이템을 무광 소재로 맞춰야 부해 보이지 않는다.

허리 라인을 살린 다운 코트에 조금 통이 넓은 팬츠나 스커트를 매치하면 우아한 분위기가 풍긴다. 이때 부츠는 다리에 딱 붙는 스타일을 신어야 전체 실루엣이 매끈하다. 타이츠 색은 하의 색이 아니라 구두 색과 맞춰야 다리가 길고 늘씬해 보인다.

퍼 코트 / Fur coat

퍼 코트란 표면이 모피인 코트를
말하는데, 따뜻하고 고급스러워 보이는
아이템이다. 예전에는 사치를 위한
밍크(mink)나 여우같이 비싼 모피가
대세였지만, 요즘은 토끼털처럼 비교적
저렴한 소재나 다양한 디자인의 인조
모피가 등장해서 트렌디한 아이템으로
자리 잡았다. 하지만 입는 사람도 보는 사람도
부담스럽게 느껴진다면 아직 시도하지 말자.

모든 옷에 잘 어울려서 다양하게 연출할 수 있는
퍼 코트는 상체의 부피가 큰 만큼 반드시 하체를 날씬하고
길어 보이도록 타이트하게 입어야 스타일이 산다.
상체는 풍성하고 따뜻해 보이게 입되,
하체는 아무리 추워도 슬림하게 입어야 한다.

대담한 인상을 주는 퍼 코트는 걸치는

자체만으로도 당당함을 드러내지만,

잘못 입으면 비대하고 나이 들어 보이기 쉽다.

목이 짧거나 상체 비만인 체형은 토끼나

밍크처럼 털이 짧은 스타일이 잘 어울린다.

퍼 코트에 처음 도전한다면 모피 숄(shawl)

또는 모피 머플러부터 시도해 보자.

퍼 아이템은 평범한 코트에 슬쩍 두르기만

해도 럭셔리한 분위기를 갖게 해 준다.

여우나 너구리, 양같이 털이 긴 타입은 훨씬 부피가
커 보인다. 색이 어둡고 부피가 큰 퍼 코트는 무겁게
느껴지지 않도록 각별히 신경 써야 하는데,
모자나 머플러, 장갑 등 소품에 밝은색으로
포인트를 주면 산뜻한 스타일로 표현된다.

Point
Accessories

Necklace

Earring

Bracelet & Watch

Ring

Eyewear

Hat

Scarves

Hosiery

Shoes

Handbag

목걸이는
겹치면 겹칠수록 섬세함과
개성이 돋보인다

아직 주얼리 착용이 익숙하지 않아서 어색하게 느껴질 때는 무조건 목걸이부터 시도해 보자. 목걸이는 시선을 위로 끌어올려서 다리도 길어 보이고, 얼굴 주위가 밝아 보일 뿐만 아니라 큼직한 목걸이가 전체 스타일링의 포인트가 되면서 당당하고 자신감 있게 보인다.

하지만 목이 길지 않은 사람이 초커(choker)같이 짧은 목걸이를 걸면 답답한 인상을 주고, 가슴이 풍만한 여성이 가슴 위치까지 오는 목걸이를 착용하면 가슴만 더욱 두드러져서 둔해 보이기 쉬운데, 이런 경우에는 가슴골 위쪽에 오는 목걸이라야 예뻐 보인다. 가늘고 세밀하게 세공된 금속 목걸이는 언제나 여성스러워 보이고, 한 줄보다는 두 줄, 두 줄보다는 세 줄을 겹쳐서 걸면 여성미부터 세련미까지 얻을 수 있다.

어느 자리, 어떤 옷에도 무난하게 어울리며 우아한 분위기를 자아내는 진주 목걸이는 피부 톤을 밝게 만들어 주기 때문에 옷차림까지 돋보이게 해 준다.

일반적으로 진주 목걸이는 계절에 관계없이 사용할 수 있지만, 한여름 끈적끈적한 날씨에는 더워 보일 수 있고, 머플러를 칭칭 동여매는 한겨울에는 진주가 도드라지는 스타일링을 완성하기 어렵다. 따라서 가을이야말로 진정 진주의 계절로 손색이 없다. 이제부터는 진주 목걸이로 가을을 맞이해 보자. 은은한 진주 빛깔이 당신을 화사하고 고상한 가을 여자로 변신시켜 줄 것이다.

롱 네크리스 / Long Necklace

목걸이, 귀고리, 팔찌, 반지 등 액세서리란

액세서리는 죄다 착용하면 고급스러워

보이기는커녕 개성도 없고 산만해 보인다.

지나침은 언제나 모자람만 못하다는 진리는

액세서리 연출법에서도 똑같이 적용된다.

이것저것 주렁주렁 걸지 말고, 눈에 띄는

한두 가지 액세서리나 긴 목걸이 하나만으로

시선이 집중되는 악센트 효과를 주면

옷차림이 훨씬 세련되어 보인다.

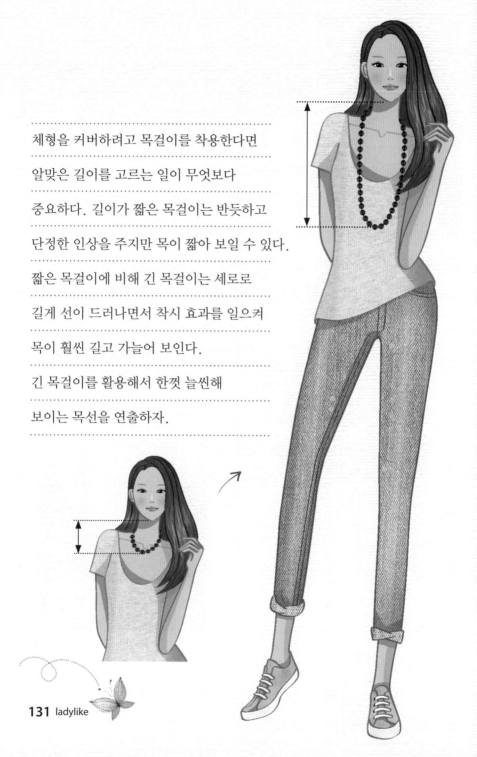

체형을 커버하려고 목걸이를 착용한다면

알맞은 길이를 고르는 일이 무엇보다

중요하다. 길이가 짧은 목걸이는 반듯하고

단정한 인상을 주지만 목이 짧아 보일 수 있다.

짧은 목걸이에 비해 긴 목걸이는 세로로

길게 선이 드러나면서 착시 효과를 일으켜

목이 훨씬 길고 가늘어 보인다.

긴 목걸이를 활용해서 한껏 늘씬해

보이는 목선을 연출하자.

펜던트 네크리스 / Pendant Necklace

펜던트(pendant 장식물을 가운데에 달아 가슴에 늘어뜨리는 목걸이)는 장식물로 시선이 모여서 가슴 위치가 올라가 보이기 때문에 처진 가슴이 고민인 여성에게 효과 만점이다. 또 장식물의 무게 덕분에 자연스럽게 생긴 V 라인이 샤프한 인상을 줄 뿐 아니라, 목에서 어깨까지 이어지는 라인이 가냘프고 부드럽게 보여서 훨씬 여성스러운 분위기를 낸다.

목이나 어깨에 살집이 두툼한 체형은

가느다란 줄에 큰 펜던트를 매달아 걸면

오히려 뚱뚱해 보일 수 있다. 펜던트가 달린

줄이나 체인(chain)도 두께감이 있어야 체형

커버에 효과적이다. 부엉이나 고양이 같은

동물 문양이나 십자가, 하트(heart), 해골 등

특징적 문양의 펜던트 목걸이는 문양 자체가

기억에 남기 때문에 심플한 옷차림에

맞춰야 멋져 보인다.

펄 네크리스 / Pearl Necklace

우아하고 고상한 자태를 연출해 주는

진주는 빛을 머금은 듯한 색상과 광택,

다양한 디자인이 캐주얼부터 정장까지

어디에나 잘 어울린다. 특히 100cm가 넘는

긴 진주 목걸이는 넓게 벌어지도록 걸면

가슴이 풍만해 보이고, 끝을 묶어서

V 라인이 나오도록 만들어 걸면 어깨 폭이

좁아 보이는 등 착용 방법에 따라

다양한 느낌을 낼 수 있다.

긴 진주 목걸이를 한 줄로 길게 착용할 때는 짧은 기장의
재킷이나 카디건 등과 맞추고, 두세 번 감아서 짧게
걸 때는 롱 카디건이나 긴 조끼 등과 맞추면
전체적으로 경쾌함을 느낄 수 있는
자신만의 스타일을 만들어 갈 수 있다.

예물용 진주보다 가성비와 패션성이 높은 '못난이 진주'라 불리는 바로크 (baroque) 진주는 일그러진 알이 특징인데, 불규칙한 모양이 캐주얼하고 부담스럽지 않은 분위기를 연출해서 어떤 옷차림에도 잘 맞는다. 정장 차림에서는 딱딱해 보이지 않도록 해 주고, 캐주얼 차림은 고급스러운 분위기로 마무리해 준다.

상의와 같은 색 계열의 목걸이를 맞추면 은은한 빛이 자연스럽게 감돌아서 튀지 않으면서도 화사해 보인다. 다양한 빛을 머금고 있는 바로크 진주는 어떤 색상에도 잘 어울릴 뿐 아니라 맨살에 닿든 니트나 실크와 맞추든 그윽한 분위기를 자아낸다.

네크리스 레이어드 / Necklace Layered

여태껏 목걸이는 한 줄만 거는 것이라고
생각했다면, 이제부터는 두 줄 겹쳐 걸기에도
익숙해지자. 멀리서는 잘 보이지 않지만
가까이에서 대화하게 되면 남다른 목걸이
연출법이 시선을 사로잡는다. 레이어드 방식은
너무 튀지 않으면서도 자신만의 취향이
조용히 드러나서 타인에게 자신의 인상을
오랫동안 남길 수 있는 시그니처 아이템
(signature item)으로 활용해도 좋다.

많은 여성이 옷은 매번 바꾸면서도 늘 같은 목걸이를
착용하는 경우가 있다. 상황이나 옷차림에 따라 목걸이에
변화를 주면 효과적인 이미지 변신을 할 수 있다.
목걸이로 섬세한 인상을 주고 싶다면
얇은 두 줄을 함께 걸어 보자.

블링블링한 보석 목걸이를 두 줄 겹치면
자칫 과해서 부담스럽다. 보석 목걸이는
금이나 은 목걸이와 함께 걸 때 보석의
광택이 은은한 빛을 발해서 화사한
분위기가 감돈다. 재킷이나 셔츠를 입고
이런 식으로 착용하면 화려함을 잃지 않으면서도
우아해 보인다. 가장 먼저 시도해 볼 스타일은
한 알짜리 다이아몬드와 화이트 골드
(white gold) 목걸이의 레이어드다.

45cm 정도의 짧은 목걸이는 목 주위의 맨살에
닿도록 해서 피부를 강조하고, 90cm 정도의
긴 목걸이는 이너 웨어 위에 얹어지게 하면 은근한
섹시함이 묻간다. 이렇게 연출하면 목걸이
두 줄을 겹치더라도 차분하면서 세련되어 보인다.

네크리스 테크닉 / Necklace Technic

상의 색과 반대되는 보색 목걸이를 맞추면 시선을

사로잡는 화려한 스타일이 연출된다. 상의 색이

너무 두드러진다고 수수한 타입의 목걸이를

선택하면 개성 없고 평범한 옷차림이 되어 버린다.

이때 목걸이와 상의에 컬러풀한 반대색으로

대비 효과를 줘서 스타일 전체에 생동감을 주면

얼굴색도 깨끗해 보인다. 색이 선명하고 큼직한

목걸이는 광택이 강하지 않아야 산뜻해 보인다.

보색

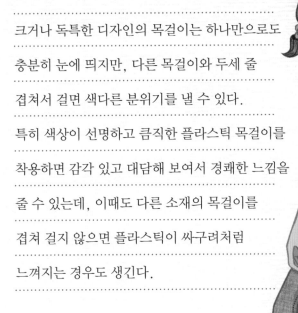

크거나 독특한 디자인의 목걸이는 하나만으로도

충분히 눈에 띄지만, 다른 목걸이와 두세 줄

겹쳐서 걸면 색다른 분위기를 낼 수 있다.

특히 색상이 선명하고 큼직한 플라스틱 목걸이를

착용하면 감각 있고 대담해 보여서 경쾌한 느낌을

줄 수 있는데, 이때도 다른 소재의 목걸이를

겹쳐 걸지 않으면 플라스틱이 싸구려처럼

느껴지는 경우도 생긴다.

긴 목걸이를 여러 줄 겹쳐서 걸면 차별화된 스타일이
완성된다. 가죽끈 목걸이나 빈티지 스타일 등
한결 캐주얼한 디자인도 가느다란 금속 줄 목걸이와
함께 착용하면 어른스러운 고상함이 풍긴다.
이런 연출은 가슴에 입체감이 생겨서
같은 옷이라도 특별한 느낌을 줄 수 있다.

얼굴을
돋보이게 하는데
귀고리만 한 게 없다

주얼리의 시작을 목걸이로 했다면, 주얼리의 마무리는 반드시 귀고리로 해야 한다. 왜냐하면 귀고리는 얼굴을 돋보이게 해 주면서 옷차림도 새로워 보이게 해 주기 때문이다.

누구나 착용할 수 있는 귀고리는 개개인의 취향과 개성을 드러내기 충분할 만큼 다양한 디자인이 나와 있다. 그중에서 얼굴형과 귓불의 크기, 목 길이를 고려해서 자신에게 어울리는 타입을 찾아보자. 먼저 자기 얼굴형과 반대 타입을 고르면 얼굴형이 보완되는데, 긴 얼굴형은 귀에 딱 붙는 귀고리를 하면 얼굴이 짧아 보인다. 또 둥근형이라면 길게 늘어지는 귀고리로 얼굴을 길어 보이게 할 수 있다.

귓불이 큰 사람이 너무 작은 귀고리를 하면 살에 파묻혀 잘 보이지 않고, 반대로 귓불이 작은 사람이 큼직한 귀고리를 하면 부담스러워 보인다. 그리고 목이 짧은 사람이 어깨에 닿을 정도로 늘어지는 귀고리를 착용하면 오히려 짧은 목이 강조될 뿐이다.

　크고 화려한 귀고리가 가장 돋보이는 계절은 역시 여름이다. 옷도 얇고 피부 노출도 자연스러운 여름에는 맨살에 직접 닿는 목걸이보다 귀고리가 시원하고 감각 있어 보인다. 여름철 귀고리는 액세서리라기보다 화장의 일부라고 생각하자. 옷에 맞추기보다는 얼굴이나 피부가 돋보이는 스타일을 고르는 것이 정답이다.

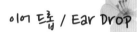

이어 드롭 / Ear Drop

목이 가늘고 긴 여성은 길게 늘어지는

이어 드롭으로 긴 목을 강조하면 더욱 늘씬해

보인다. 특히 피부색과 비슷한 색상의

비즈(beads)가 달린 타입은 눈에 잘 띄지

않고 은은하게 비쳐서 목이 짧아도 얼마든지

사용할 수 있다. 일반적으로 얼굴형의

단점을 귀고리로 커버할 수 있는데, 이렇게

길게 늘어지는 귀고리는 긴 얼굴형보다는

둥근 얼굴형에 훨씬 더 잘 어울린다.

심플한 셔츠에는 찰랑거리는 긴 귀고리가 가장 잘 맞는다. 남성적인 셔츠 깃의 딱딱한 인상을 흩뜨리는 귀고리가 여성스럽고 로맨틱한 느낌으로 바꿔 준다. 머리카락이 긴 여성의 경우에는 한쪽 귀에만 귀고리를 하는 싱글 이어링 (single earring)을 달아도 세련된 분위기가 드러난다.

목선이 많이 파인 상의에 작은 귀고리를

착용하면 목이 허전해서 초라해 보인다.

그렇다고 해서 세로로 길게 늘어지기만 하는

귀고리를 걸면 오히려 피부 노출을 방해할

수 있다. 입체감 있는 귀고리라면 쇄골이

보이는 데에 해를 끼치지 않으면서도

얼굴과 피부를 더욱 돋보이게 해 준다.

이처럼 귀고리는 얼굴의 분위기까지

좌지우지할 수 있는 액세서리다.

추상파 작품의 모빌처럼 흔들리는 부분의 디자인에
공을 들인 모빌 이어링(mobile earring)을 깃이 달린
상의와 맞추면 귀고리나 상의 둘 다 살지 않는다.
이런 타입은 가로로 넓게 파인 보트넥(boat neck)과
깔끔하게 잘 어울린다.

후프 이어링 / HOOP Earring

큰 링(ring 원) 모양의 귀고리를 지칭하는
후프 이어링은 크기가 다양한데,
버스 손잡이처럼 보일 만큼 큰 타입이
아니라 턱까지 내려올 정도의 크기면
활용도가 높다. 어중간한 크기의
후프 이어링은 오히려 얼굴을 커 보이게
만들기도 하지만, 대체로 큰 귀고리를
얼굴 옆으로 가져오면 서로 대비를
이루면서 얼굴이 실제보다 작아 보인다.

크고 화려한 후프 이어링을 착용할 때는 머리를 길게 풀고
머리카락 사이로 살짝 엿보이게 하면 절제된
화려함이 신선하게 연출된다. 긴 머리카락을 쓸어
올리거나 귀 뒤로 넘길 때마다 얼핏 보이는 귀고리가
얼굴을 더 화사하고 밝아 보이게 해 준다.

목선이 드러나는 브이넥에는 큼지막한

후프 이어링으로 쿨한 인상을 남길 수 있다.

후프 이어링은 어떤 상의와도 잘 어울리지만,

특히 브이넥과 매치할 때 경쾌한 브이넥의

직선과 깔끔한 링의 곡선이 서로 라인을

돋보이게 해 주어서 세련되어 보인다.

평범하고 밋밋한 옷차림이라고 해도

큼직한 링 귀고리를 더하면 대담하고

화려하게 느껴진다.

링 두께가 얇고 섬세하면 귀에 달아도 가벼워서
전혀 불편함이 없고, 보는 사람도 부담스럽지 않다.
머리가 긴 여성은 머리를 올리거나 묶은 다음
후프 이어링을 착용하면 깔끔하고 시원해 보인다.
귀고리로 시선을 끌어서 얼굴의 결점을 감춰 보자.

스터드 이어링 / Stud Earring

목이 짧다면 귓불에 딱 붙는 스터드 이어링이

시선을 위로 끌어서 단점을 보완할 수 있다.

이 타입의 귀고리는 각진 얼굴형에도

잘 맞는데, 특히 진주 귀고리가 한층 부드럽고

여성스러운 인상으로 만들어 준다.

진주는 목걸이로도 스타일링에 유용하게

사용할 수 있지만, 귀고리 역시 갖춰 두면

어떤 옷차림에 착용하더라도

우아함을 더해 준다.

겨울철에 애용하는 터틀넥 스웨터를 입을 때도
귀에 착 달라붙는 귀고리로 깔끔하게 연출해 보자.
크리스털(crystal)처럼 반짝거리는 귀고리라면 굳이
목걸이를 하지 않더라도 스타일링의 포인트가 된다.
심플한 디자인의 귀고리를 달면 야무진 인상을 줄 수 있다.

비교적 얼굴형에 크게 구애받지 않는
스터드 이어링은 장만해 두면 사용하기
편하다. 귀에 딱 붙는 진주나 다이아몬드
귀고리는 유행과 상관없이 착용할 수 있고,
정장부터 캐주얼까지 어떤 옷차림에도
잘 어울리는데, 반드시 진짜 보석일 필요는
없다. 양쪽 귀에 대칭으로 놓이는 귀고리는
얼굴 폭을 좁아 보이게 해서 갸름한
얼굴을 연출할 수 있게 해 준다.

스터드 이어링은 얼굴형에 특별히 구애받진 않지만,
얼굴 크기에 비례하는 사이즈를 선택하면 좋다.
얼굴이 작다면 자그마한 귀고리를, 얼굴이 크면 큼직한 귀고리를
착용해야 얼굴이 작아 보인다. 귀고리는 항상 얼굴형과
목 길이 등을 고려해서 선택해야 하는 액세서리다.

이어링 테크닉 / Earring Technic

큰 사이즈 귀고리가 얼굴을 작아 보이게 하는
효과가 있다고 해도, 턱선보다 길게 내려가는
크기면 오히려 얼굴이 길고 나이 들어 보인다.
또 자신의 귀 크기보다 크면 귀고리에
끌려다니는 것처럼 보여서 전체 스타일이
무거워져 버린다. 귀고리를 한쪽만 착용하거나
크기를 다르게 하는 등 믹스 앤 매치
(mix & match)를 이용하면 시선이 더욱
집중되어서 카리스마 있게 보일 수 있다.

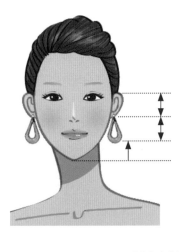

눈에 띄는 멋진 귀고리를 할 때는 목걸이를
생략해야 얼굴 주위가 깔끔하게 정돈되어서
시선이 분산되지 않고 얼굴에 집중된다.
귓불을 뚫어서 착용하는 피어스드 이어링
(pierced earring)을 뺄 때는 자연스럽게
양손으로 빼게 되는데, 일러스트처럼
한쪽 손은 자기 몸을 감싸 안듯이 귀고리의
앞을 잡고 다른 손으로 뒤쪽을 빼면
훨씬 여성스럽고 섹시해 보인다.

귓불을 뚫지 않고 클립이나 나사로 부착하는
논 피어싱(non-piercing) 이어링을 뺄 때도
피어스트 이어링을 뺄 때와 같은 방식으로
오른쪽 귀고리는 왼손으로, 왼쪽 귀고리는 오른손으로 빼면
어떤 순간에도 우아함을 유지할 수 있다.

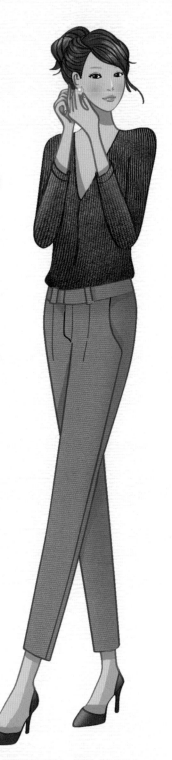

팔찌와 시계를
함께 하면 스타일에
스토리가 담긴다

　당신이 손목에 팔찌를 하나만 차든 여러 개 차든, 아니면 시계만 착용하든, 시계와 팔찌를 같이 착용하든, 각각 개인의 취향에 따르면 그만이지만, 팔이 짧은 여성이 이것저것 손목에 주렁주렁 달고 있으면 팔은 더욱 짧아 보인다는 사실을 잊지 말자.

　그런데 여름철 스타일링에서는 아무것도 없는 빈 손목이 팔을 짧아 보이게 만든다. 민소매를 입든, 반팔 티셔츠를 입든, 긴팔 셔츠를 걷어 올려서 입든, 상의의 소매길이에 머무는 시선을 팔찌나 시계를 차서 손목까지 끌어내려야 팔이 훨씬 길어 보이고 세련된 인상을 남길 수 있다. 이때 팔찌는 굳이 전체 스타일과 맞추지 않아도 약간 색다른 풍으로 눈에 띄게 하면 스타일의 포인트로서 개성을 나타낼 수 있다. 팔찌의 색이나 소재를 일부러 통일할 필요 없이, 그날그날 자유롭게 기분 내키는 대로 실컷 표현하면서 자기만의 스타일을 완성하면 된다.

그렇게 여름을 즐긴 후 손목이 자연스럽게 가려지는 가을이 오면, 시계 하나만으로 담백한 스타일을 강조해 보자. 울이나 캐시미어(cashmere)처럼 따뜻하고 포근한 소재가 손목을 감싸는 가을에는 메탈 밴드(metal band)보다는 단연 가죽 밴드로 된 시계가 잘 어울린다. 갈색의 가죽 밴드 시계가 당신을 그윽한 가을 여자로 변신시켜 줄 것이다.

뱅글 브레이슬릿 / Bangle Bracelet

팔찌를 착용하는 이유는 다양하겠지만,

특히 팔찌를 차면 손목이 아래로 내려가 보여서

허리 위치가 높게 느껴진다. 허리 위치가

높아 보이면 당연히 다리는 길어 보이게 된다.

또 팔찌를 왼쪽에 착용했을 때 스카프는

오른쪽으로 보내는 식으로 좌우 밸런스를

맞추면 전체적인 스타일에

균형감이 생겨서 훨씬

스타일리시하게 보인다.

보통 고리가 없는 루프(loop) 모양 팔찌를

뱅글이라고 일컫는데, 고급 주얼리 숍의

값비싼 상품부터 벼룩시장의 싸구려까지

소재에는 제한이 없다. 뱅글은 무엇보다

개인의 취향을 반영하는 액세서리라서

화려한 디자인을 손목부터 팔꿈치까지

여러 개 차면 개성 넘치는 대담한 인상을

주고, 반짝이는 작은 보석이 촘촘히 박힌

가느다란 타입은 귀엽고 활동적으로 보인다.

손목은 가늘면 가늘수록 훨씬 여성스럽고 날씬해 보인다.
손목을 더욱 가늘어 보이게 만들어서 보호 본능마저
일으키고 싶을 때는 두께가 가느다란 팔찌보다
두툼한 뱅글을 착용해 보자. 대비 효과로
손목이 한층 가늘어 보일 수 있다.

커프 브레이슬릿 / Cuff Bracelet

커다란 팔찌를 지칭하는 커프는

팔찌 자체의 존재감으로 눈에 금방 띄어서

개성과 취향을 드러내기 좋다.

다이아몬드부터 가죽에 스터드가 박힌

타입까지 다양한 소재를 여러 가지로

믹스하거나 뱅글과 함께 착용하면

자신만의 스타일이 나온다. 다만 싸구려처럼

보이는 플라스틱 팔찌는 전체 스타일도

싸구려로 느껴지게 하므로 피한다.

팔찌 자체의 무게감까지 갖춘 커프는 시선을 끄는
액세서리임이 분명하다. 정장 차림에 착용하면
감각적으로 보일 수 있고, 캐주얼 차림에는 섹시함을
가미해 준다. 커프 하나만으로도 멋지지만
뱅글을 더하면 한결 스타일리시하다.

목걸이나 귀고리와 달리 팔찌는 체형이나
얼굴형에 구애받지 않고 자유자재로
착용할 수 있는 액세서리다. 소재에 따라서
백금이나 다이아몬드같이 투명하고
반짝거리는 팔찌는 차가운 도시 여자처럼
보이고, 가죽이나 나무 같은 자연 소재
팔찌는 보헤미안의 분위기도 풍긴다.
검은색 가죽에 스터드가 박힌 팔찌라면
도전적이고 과감한 인상을 전할 수 있다.

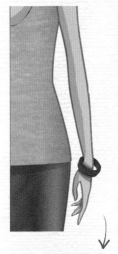

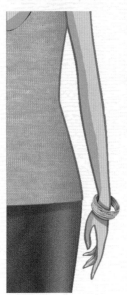

커프 브레이슬릿으로 개성을 드러내고 싶지만,
너무 두드러질까 봐 망설일 때는 피부색과 비슷한
누드 톤(nude-tone)부터 시도해 보자. 심하게 드러나지
않아서 코디의 방해가 되지 않을뿐더러, 팔이 훨씬
길어 보여서 늘씬한 인상까지 덤으로 따라온다.

브레이슬릿 레이어드 / Bracelet Layered

소매를 걷어서 손목을 드러내는 스타일링은

보다 날씬하고 산뜻한 인상을 준다.

이때 손목에 팔찌가 여러 겹 레이어드되어

있으면 스타일에 악센트를 더해 준다.

팔찌 레이어드에서 기본은 금속 부분의 색을

통일하는 것인데, 골드 장식이 있으면

골드를 기본색으로 하고, 실버(silver)

장식이 두드러질 때는 실버로 맞추면 아무리

개수가 많아도 요란해 보이지 않는다.

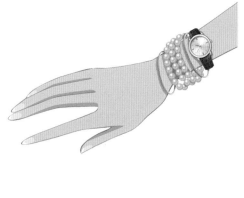

금속 팔찌와 가죽 팔찌, 매듭 끈으로 된

팔찌처럼 소재를 다양하게 해서 겹치는

방법은 한결 캐주얼하면서 스타일리시하게

보인다. 실버 팔찌를 기본으로 할 때는

가죽 팔찌에도 실버 장식이 있는 것으로

골라서 금속 부분을 같게 맞춘 다음,

두께가 다른 팔찌끼리도 겹쳐서

착용하면 자연스럽게 입체감이

살아서 더욱 멋스럽다.

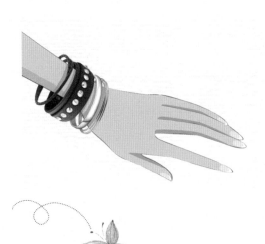

남성 액세서리의 대표라 할 수 있는 시계를

여성스럽게 연출하려면 팔찌와 함께 착용한다.

시계에 실버 팔찌를 더하면 캐주얼한 분위기,

골드 팔찌를 더하면 우아한 분위기가 연출되고

컬러풀한 팔찌를 더하면 경쾌한 인상을

줄 수 있다. 하지만 고가의 명품 시계와

예물 팔찌를 함께 착용하는 일은 삼가자.

이런 스타일은 고급스럽다기보다는

융통성 없고 나이 들어 보인다.

숫자판이 큰 시계는 남성적인 인상이
강할 뿐 아니라 크기만으로도 충분히 시선을
끌기 때문에 겹치는 팔찌를 가느다란
타입으로 선택한다. 큼직한 시계에 섬세한
팔찌가 더해지면 양성적인 매력이
드러나서 스타일리시하게 연출된다.

팔찌와 시계를 같이 착용할 때도 금속 부분의
색을 맞추면 좋다. 골드 프레임(frame)
시계에는 골드 팔찌를, 실버 프레임에는
실버 팔찌를 겹치면 우아하게 잘 어울린다.
여기에 부드러운 카리스마를 담고 싶다면
진주 팔찌를 더하면 된다. 이런 식으로
손목에 자신만의 스토리를 만들어 가면
값비싼 보석이 결코 가져다주지 못하는
유니크한 스타일이 드러난다.

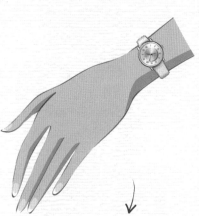

흰색 가죽 밴드 시계는 하나만 착용하면
전체 스타일에 잘 녹아들지 않는 경우가 많다.
이럴 때는 핸드메이드(handmade) 소원
팔찌나 벼룩시장에서 고른 빈티지 팔찌 등을
함께 차면 독특한 스타일이 느껴져서
개성 있고 매력적으로 보인다.

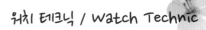

워치 테크닉 / Watch Technic

시계는 모양만 보고 고르지 말고 전체 스타일을

가늠해서 선택하는 편이 좋다. 여성스러운

옷차림을 즐긴다면 숫자판이 크고 조금 더

남성적인 시계로 고르고, 보수적이고 딱딱한

정장 차림을 자주 한다면 숫자판이

작고 디테일이 정교한 여성적인 시계를

착용해서 부드러움을 더하는 식으로

변화를 주면, 스타일의 완급이 조절되어

더욱 멋지게 마무리된다.

보통 손목시계를 착용하고 시간을
확인할 때는 무의식적으로 팔을 쭉 뻗은
다음 팔꿈치를 접어서 보는 경우가 많다.
이런 행동은 전형적인 남자의 자세라서
아무리 숫자판이 자그마하고 디테일이
정교한 여성스러운 시계를 착용했더라도
부드러움은커녕 부끄러움만 남길 수 있다.
시계를 볼 때도 여성스러움을 잃지 않아야
부드럽고 품위 있어 보인다.

품위를 느끼게 해 주는 자세의 기본은 팔을 크게
움직이지 않는 데 있다. 시계를 볼 때 팔부터 뻗지 말고,
팔은 겨드랑이에 붙인 채 팔꿈치를 굽혀서 손목시계를
가슴 부근으로 가져온다. 이때 반대편 손을 시계에
살짝 대면서 숫자판으로 시선을 떨어뜨리면
더욱더 우아해 보인다.

늘 같은 손가락에만
반지를 끼면
진부해 보인다

　반지하면 제일 먼저 떠오르는 결혼반지나 서로의 사랑을 약속하는 커플링(couple ring) 등은 액세서리라기보다 일종의 정표로서 역할이 더 크다. 이처럼 반지는 취향을 드러내기보다 의미를 부여하는 아이템으로 활용하는 경우가 많다 보니, 대부분 반지를 살 때 전체 스타일을 고려하거나 다른 액세서리와의 조화를 고민하면서 고르지는 않는다. 이 말은 전체 스타일링에 반지를 포함해서 액세서리 감각으로 착용한다면 얼마든지 스타일의 포인트가 될 수 있다는 뜻이다.

　한평생 같은 반지만 끼지 말고, 다른 액세서리처럼 이것저것 시도해 보고 옷차림에 맞춰서 변화를 주자. 특히 칵테일 반지(cocktail ring)라 부르는 크고 화려한 반지는 스타일의 포인트가 될 뿐만 아니라 자신을 표현하기에도 손색이 없다. 아무리 소심하고 내향적인 여성이라도 큼직한 반지를 착용하면 대담하고, 자신감 있고, 적극적인 사람으로 보인다. 마음속 깊이 숨겨 놓았던 열정을 깨우는 데도 충분한 역할을 한다.

하지만 커다란 반지가 아직 부담스럽거나 잘 어울리지 않는다면, 디자인이 독특한 반지로 타인의 시선을 끌 수도 있다. 자신이 누구인지, 어떤 스타일을 선호하는지 등 스스로를 알리기 위해 애써 설명하지 않아도 반지 하나가 온전히 당신을 대변해 줄 것이다. 이렇듯 자신의 분신 같은 반지야말로 그토록 찾아 헤매던 '절대 반지'가 아닐까?

링 레이어드 / Ring Layered

이제 반지는 손가락에 의미를 담기보다는 손에 악센트를 더하는 패션 아이템으로 자리 잡았다. 특히 화려하고 큼직한 칵테일 반지는 눈길을 끌기 위해서, 처음 만난 사람과 대화의 물꼬를 트기 위해서, 나라는 사람을 드러내기 위해서 착용한다. 이처럼 패션 반지를 여러 개 착용해서 나만의 스타일을 즐겨 보자. 링 레이어드를 처음 시도한다면 검지와 새끼손가락에 같이 끼는 방식을 추천한다.

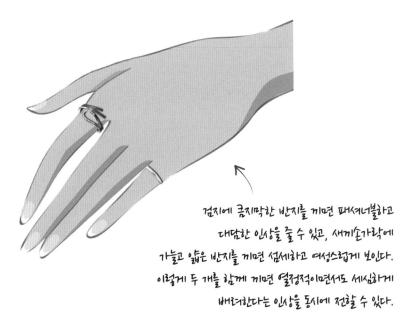

검지에 큼지막한 반지를 끼면 패셔너블하고 대담한 인상을 줄 수 있고, 새끼손가락에 가늘고 얇은 반지를 끼면 섬세하고 여성스럽게 보인다. 이렇게 두 개를 함께 끼면 열정적이면서도 세심하게 배려한다는 인상을 동시에 전할 수 있다.

손가락 마디에 끼는 반지를 '너클링(knucklering)'이라고 부른다.

너클링은 르네상스 시대 상류층 여성들 사이에서 '일할 필요가 없는

사회적 지위'를 나타내는 액세서리로 처음 등장했다. 요즘에는 지위

의 상징이라기보다 반지로 개성을 드러내고 싶거나, 한층 스타일리

시하게 연출하고 싶을 때 사용한다. 가늘고 얇은 반지를 여러 개 겹

친 모습이 여성스럽고 섬세해 보인다.

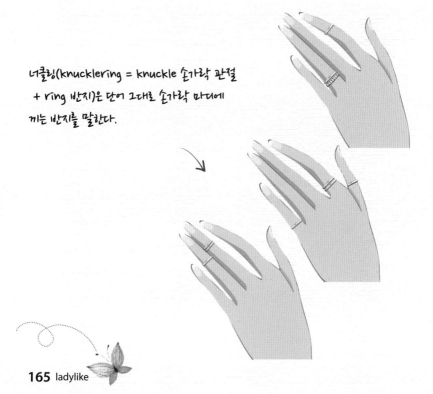

너클링(knucklering = knuckle 손가락 관절
+ ring 반지)은 단어 그대로 손가락 마디에
끼는 반지를 말한다.

대부분의 여성은 약지나 중지에 반지를 끼고 있다. 누누이 강조하지만 반지도 패션 액세서리라는 점을 잊지 말자. 누가 보더라도 오래된 습관처럼 한평생 약지에 끼고 있는 반지는 설령 본인에게는 결혼반지나 커플링처럼 사랑의 정표라서 소중하기 그지없다고 하더라도, 패셔니스타들에게는 보수적이고 진부해 보인다. 한층 스타일리시한 감각으로 참신하게 연출해 보자.

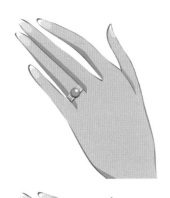

Technic 1

일러스트처럼 약지에 반지를 끼면 지나치게 평범해서 보수적으로 보이기 쉽다. 약지에 낀다면 왼손이 아닌 오른손에 끼는 방법을 추천한다.

Technic 2

일러스트처럼 중지에 반지를 끼면 손가락이 실제보다 두껍고 짧아 보이기 쉽다. 손가락 길이와 굵기를 잘 고려해서 착용한다.

반지를 끼기 전에 먼저 손가락 길이와 굵기를 체크해 보자. 반지를 끼고 나서는 손가락만 보지 말고, 전신 거울 앞에 서서 전체 스타일을 살피는 것이 중요하다. 손가락이 두꺼워 보인다는 이유로 잘 끼지 않던 반지도 자신에게 어울리는 모양을 찾아내면 충분히 자신을 어필할 수 있는 액세서리가 된다. 반지를 끼기 전에 손톱이 깨끗한지 체크하는 일은 상식이다.

Technic 3

손이 작거나 손가락이 가늘면 섬세하고 가느다란 반지가 한층 여성미를 더해 준다.

Technic 4

손이 크거나 손가락이 두꺼우면 반지도 크고 볼륨감 있는 화려한 쪽이 잘 어울린다.

시력 교정과 보호용으로
안경을 쓰던
시절은 지나갔다

시력을 교정해 주는 순수한 기능보다 감각을 표현하는 액세서리로 더욱 많이 활용되는 안경은 시력과 상관없이 멋쟁이들의 필수 아이템으로 자리 잡은 지 이미 오래다. 패션 소품으로서 역할이 점차 부각되다 보니 다양한 제품이 등장하고 있고, 그중에서 어울리는 하나를 고르기란 점점 더 힘들어질 수밖에 없다. 그렇다고 해서 너무 심각하게 고민하지 말고, 비싸지 않은 안경을 여러 개 사 두고 기분에 따라 바꿔 쓰면 그만이다. 액세서리로 안경을 고를 때는 가능한 한 전신을 거울에 비춰 보고 전체적인 스타일과 어울리는지 확인해 본 다음 결정하자.

일반적으로 안경테는 눈썹 모양을 따라 눈썹을 덮으면서 얼굴 면적의 1/3을 차지하면 얼굴이 작아 보인다. 요즘 자주 눈에 띄는 가느다란 와이어(wire) 테는 작은 얼굴에 잘 어울리고 안경테가 도드라지지 않아서 차분한 인상을 준다. 두껍고 굵은 테는 스타일의 악센트가 되어서 시선을 위로 끌기 때문에 전체적인 실루엣이 길고 늘씬해 보인다.

두 눈의 중앙에 위치한 안경의 브리지(bridge 양쪽 안경알의 테를 연결하는 부분)도 중요한데, 이 부분이 위쪽에 있으면 코가 길어 보여서 성숙한 이미지를 줄 수 있고, 아래쪽에 있으면 코가 짧아 보여서 귀여운 인상을 남길 수 있다. 또 브리지가 어두운색이면 눈 사이를 가까워 보이게 하고, 밝은색은 눈 사이를 멀어 보이게 하므로 자신의 눈 사이 간격에 따라 브리지 색상도 달리해 보자.

아이글라스 / Eyeglasses

안경은 시력 교정이나 보호를 목적으로

쓴다기보다 스타일의 포인트가 되는 핫한

액세서리라는 사실을 더 이상 누구도 부인할

수 없다. 특히 얼굴과 가장 가까이 있는

액세서리라서 안경테의 크기와 모양은

반드시 얼굴형과 조화를 이루어야 한다.

안경이 얼굴에 가로 라인을 만들기 때문에

얼굴의 가로 폭을 먼저 확인한 후 그에 맞는

테를 고르는 것이 무엇보다 중요하다.

얼굴이 세로로 길고 가로 폭이 좁은 사람은 얼굴의 가로
폭보다 큰 디자인이 잘 어울린다. 반대로 가로 폭이 넓은
사람은 가로 폭이 강조되는 큰 테가 어울리지 않고,
얼굴 폭보다 작고 심플한 디자인이 잘 맞는다.
반드시 얼굴의 일부분으로 보이는 테를 고르자.

얼굴형에 따른 안경테 타입

긴 얼굴은 옆으로 타원형인 안경테가 잘 어울린다.

둥근 얼굴은 정사각형의 각진 안경테가 잘 어울린다.

마름모꼴 얼굴은 관자놀이보다 좁은 안경테가 잘 어울린다.

각진 얼굴은 동그라면서 양쪽 위 끝이 각지게 올라간 안경테가 잘 어울린다.

민얼굴에 안경 하나만 바뀌어도 이미지 변신이 가능한 남자와 달리 여자가 민낯에 안경을 쓰면 세수 안 한 얼굴을 안경으로 가렸다는 인상을 주기 쉽다. 이처럼 노 메이크업(no makeup)에 안경을 써도 초라해 보이지만, 풀 메이크업(full makeup)에 안경을 쓰면 답답해 보이고 부담스럽다. 안경이 시력 교정용이 아니라 패션 액세서리로 보이려면 그에 걸맞은 메이크업이 따라 줘야 한다.

Technic 1

검은 테 같은 안경테의 색깔이 진하고 강한 것을 쓸 때에는 아이섀도(eye shadow)를 눈에 띄는 색보다 피부 톤으로 심플하게 정리하는 것이 지적으로 보인다.

안경을 쓰면 아무래도 가로 길이가 강조되어 버린다. 그것을 방지하려면 눈동자 바로 위에 검정 아이라인(eyeline)을 진하게 넣는다. 아래까지 검정을 바르면 너무 진해 보이기 때문에 눈동자 아래는 브라운으로 바른다. 그렇게 하면 눈에 세로 느낌이 강조되어서 밸런스 잡힌 얼굴이 되는데, 눈동자를 세로로 강조하면 전체적인 인상이 선명하고 또렷해진다.

Technic 2

무테를 쓸 때에는 안경 렌즈(lens)가
눈 위에 걸리면 그림자가 생겨서 화장이
진해 보이기 쉽기 때문에 눈 화장은
흐린 파스텔 색조만으로도 충분하다.

선글라스 / Sunglasses

선글라스에서 금속 장식이나 보석이 박힌 디자인이 눈에 띄면 고급스럽게 보이기는커녕 나이만 들어 보인다. 장식이 두드러지지 않고 큼직하면서 둥그스름한 프레임이면 부드러운 인상을 만들어 준다. 안경테와 마찬가지로 자신의 얼굴형을 고려해서 선택해야 전체 스타일의 포인트가 될 뿐 아니라 얼굴이 작아 보이는 효과까지 얻을 수 있다.

자기 얼굴에 가장 잘 어울리는 선글라스를 고르고 싶다면 눈에서 코까지의 길이를 살펴보는 것이 중요하다. 또 콧대가 낮은 여성은 그대로 그냥 쓰면 선글라스가 뺨에 닿아서 자국이 남는다. 멋지게 쓰고 싶으면 안경다리를 조정하거나 코 받침을 달아서 착용하자.

전체 얼굴을 3등분으로 나눴을 때 테가 차지하는 비율이 1/3이면 얼굴이 작아 보이는 효과가 있다.

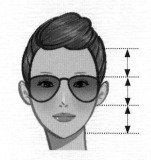

눈에서 코까지 길이가 짧은 사람에게는 작은 테가 잘 어울린다. 큼직한 테는 얼굴 중심이 아래로 내려가서 안정감이 없어 보인다.

눈에서 코까지 길이가 긴 사람에게는 큰 렌즈가 잘 어울린다. 이런 사람이 렌즈가 작은 선글라스를 쓰면 얼굴이 커 보인다.

선글라스 테크닉 / Sunglasses Technic

선글라스는 쓰는 것만으로 전체적인

스타일의 분위기를 확 바꿔 주기 때문에

변신 아이템으로 최상이다. 자외선으로부터

눈을 보호하는 용도로만 사용하지 말고,

디자인과 컬러에 신경 써서 자신의 패션

센스를 보여줄 수 있는 포인트 액세서리로

활용해 보자. 선글라스 테가 너무

화려하거나 렌즈 색이 핑크나 형광색처럼

눈에 띄면 감각 없어 보인다.

Technic 1

긴 머리를 묶은 후에 선글라스를 머리에 얹고,
큰 링 귀꼬리를 달면 얼굴 주위를 4개의 원이 둘러싸서
얼굴이 깔끔해 보인다. 이때 여유 있는 실루엣의
원피스를 입으면 더욱 화사하고 매력적으로 보인다.

Technic 2

심플한 디자인의 선글라스를
가슴골 위치에 걸치면 목이 길어
보이는 착시 효과가 생긴다.

Technic 3

선글라스를 헤어밴드(hair band)
대용으로 사용하면 훨씬
스타일리시하게 보일 뿐 아니라
시선의 분산 효과로 헤어스타일이
무겁지 않게 정돈된다.

모자를
햇볕을 가리는 용도로만 쓰기엔
너무 아깝다

여름철에는 자외선을 차단하는 기능으로 사용하고, 겨울에는 추위를 막는 용도로도 사용하는 모자는 얼굴에 가장 가까운 위치에서 얼굴을 돋보이게 해 줄 수 있기 때문에 평범한 옷차림도 패셔너블하게 꾸며 준다는 커다란 장점을 지닌 아이템이다. 그렇다고는 해도 선뜻 시도하게 되지는 않지만, 한 번 쓰기 시작해서 익숙해지면 어지간해서는 안 벗게 되는 매력을 지니고 있기도 하다.

모자를 처음 시도할 때는 누구에게나 잘 어울리고 멋져 보이기 쉽다는 점에서 심플한 디자인의 중절모를 추천하고 싶다. 유행을 잘 타지 않는 검정, 회색, 흰색의 기본 컬러가 들어간 것부터 시작하면 어떤 스타일에도 무난하게 매치할 수 있다. 점차 익숙해지면 겉옷이나 상의에 포함된 색 또는 소재를 이용한 타입으로 통일감을 주면서 세련된 스타일로 마무리한다. 그다음 단계에서는 모자에 악센트 컬러를 써서 전체 스타일의 포인트가 되도록 연출한다.

모자 모양은 체형과 얼굴형을 보완할 수 있어야 하는데, 키가 큰 여성이라면 모자챙이 넓은 타입도 잘 어울리지만, 작고 아담한 여성은 넓은 챙에 압도당하는 경우가 생길 수도 있으므로 체형과 비례하는 타입을 선택해서 안정감을 느낄 수 있도록 연출하는 편이 좋다. 또 아무리 해변에서만 쓸 것이라고 해도 모자챙이 어깨보다 넓으면 안 된다. 자칫하면 모자가 아니라 파라솔을 쓰고 있는 모습처럼 보일 수 있다.

페도라 / Fedora

페도라는 모자의 윗부분(크라운 crown)이

낮고 챙 부분(브림 brim)이 올라가 있는

모자로 중절모라고도 한다. 부드러운

펠트(felt)지로 되어 있기 때문에 모양이

자유롭게 변할 수 있고, 우아하게도

매니시하게도 연출할 수 있어서 남녀 모두

즐길 수 있는 스타일이다. 크라운이 수평으로

잘린 페도라는 작은 얼굴로 연출하기에도 좋다.

다만 브림 안으로 얼굴이 쏙 들어와야 한다.

페도라는 원래 남성 전용 모자였기 때문에 보이시한
느낌이 강하지만, 여성스러운 옷차림에 머리 뒤로
살짝 내려서 착용하거나 비스듬히 쓰면 세련되어 보인다.
전체 스타일을 단정하게 정돈해 주는 모자인 만큼
스타일에 적극적으로 도입해 보자.

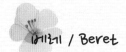

베레 / Beret

베레는 모자 윗부분이 둥글납작하고
부드러우면서 챙이 없는 모자를 지칭한다.
수평으로 쓰기보다는 사선으로 쓰는 쪽이
훨씬 멋스럽게 보인다. 비대칭으로
자연스럽게 나타나는 사선 덕분에 단정한
단발머리에 써도 활동적으로 보이고,
긴 머리를 옆으로 묶어 정리한 다음
반대쪽으로 모자가 내려가는 형태로 쓰면
귀여우면서도 스타일리시하게 보인다.

소녀스러운 이미지를 간직하고 있는 베레는
팬츠보다 길이가 짧은 스커트에 더 잘 어울린다.
모자는 겉옷이나 상의에 사용된 색과 같은 색이나
같은 소재를 고르면 더욱 세련된 스타일로 완성된다.
모자를 사선으로 쓰면 얼굴이 훨씬 작아 보인다.

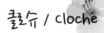

클로슈 / cloche

프랑스어로 '종(鐘)'이라는 뜻인데, 윗부분이

높고 챙 부분이 아래로 늘어져 얼굴을

덮듯이 생긴 모자로 바깥 모양새가

종과 비슷해서 붙여진 이름이다.

머리에 꼭 맞는 스타일로 이마를 가리기

때문에 두상이 큰 사람에게도 잘 어울린다.

머리를 폭 감싸 주는 모자는 얼굴과

모자의 경계선이 자연스럽게 부드러운

곡선을 그려서 인상도 부드럽게 바뀐다.

눈썹 아래까지 눌러쓰는 것이 특징인 클로슈는
소재에 따라 계절에 관계없이 쓸 수 있고,
드레시한 차림에서 캐주얼한 차림까지
두루 잘 어울리지만, 여성스러움이 돋보여 스커트와
매치하면 훨씬 스타일리시하다. 얼굴선의
가장자리를 가려 준다는 장점도 있다.

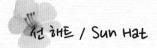

선 해트 / Sun Hat

선 해트는 챙이 넓은 모자로 특히 여름에

착용하면 멋스러우면서도 햇빛을 차단하는

효과가 있다. 브림의 폭이 넓으며 가볍고

서늘한 소재가 많아서 주로 여름철

리조트용으로 사용한다. 아무리 태양을 피하고

싶은 마음으로 쓴다고 해도 선 해트도 분명

모자다. 모자는 얼굴 가까운 곳에서

그 사람을 돋보이게 해 주기 때문에

반드시 써 보고 나서 고르자.

선 해트는 여름철 햇볕을 가리는 기능으로도 사용하는
만큼 밀짚 같은 자연 소재로 된 베이지나
브라운 계열의 색상이 시원해 보인다. 해변에서
선드레스에 에스파드리유(espadrille)를 신고
선 해트까지 쓰고 있다면 완벽한 리조트 룩
(resort look)이 완성된다.

보닛이란 뒤통수에서부터 머리 전체를

감싸듯이 가리고 얼굴과 이마를 드러내는

모자 형태를 말하는데, 과거에는 어린이나

여자들이 주로 썼으며 턱밑에 끈을 묶어서

사용했다. 보닛은 모자 안에 얼굴을 감싸서

넣는 듯한 느낌으로 쓰면 사랑스러워 보인다.

모자는 보온성도 고려해야 하므로 니트로 된

타입이 따뜻하고, 모발 색과 잘 어울리는

검정, 갈색, 짙은 회색 등이 무난하다.

뒤통수까지 전부 감싸는 길이가 긴 보닛은 옆모습도
매력적으로 보이게 해 준다. 이마와 뺨의 둥그스름한
모양이 강조되어 사랑스러운 인상도 남길 수 있다.
또 이런 형태의 모자는 볼살이 많거나
턱이 발달한 얼굴형도 귀엽게 소화할 수 있다.

보닛 연출법

페이스 라인을 감싸서 넣는 형태의
모자를 쓸 때 눈썹꼬리를 조금 가려
주면 얼굴이 한층 작아 보인다.

앞머리를 모자 앞으로 빼내고 모자
를 뒤쪽으로 쓰면 더욱 스타일리시
하게 보인다.

해트 테크닉 / Hat Technic

모자는 누구에게나 스타일을 가져다주진 않는 까다로운 아이템이다.

모자야말로 얼굴형이나 두상에 따라 어울리는 사람과 어울리지 않는

사람이 명확히 나뉜다는 사실을 명심하자.

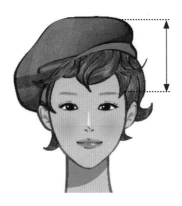

Technic 1

이마에서 정수리까지의 길이가 긴 사람은
대체적으로 모자가 잘 어울리지 않는다.
모자를 쓸 때는 반드시 전신 거울에 비춰 보고
밸런스를 확인해야 한다.

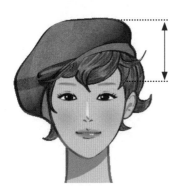

위쪽과 반대로 길이가 짧은 사람은 얼굴형과
두상도 납작해서 가로로 넓은 타입이 많다.
정수리 부분에 볼륨감을 주면 전체 밸런스가
좋아지므로 모자가 잘 어울린다.

모자는 얼굴에서 가장 가까이 위치하면서 얼굴의 인상을 좌우하기 때문에 사계절에 맞춰 소재뿐 아니라 색상도 바꿔 가며 계절감을 넣어 주면 훨씬 멋스럽게 보인다.

Technic 2

봄여름에는 천연 소재의 모자가 한결 시원하면서 답답해 보이지 않는다. 네이비나 그레이 색상의 중절모 스타일이면 과하게 눈에 띠지 않아서 활용도가 높다.

가을 겨울에는 울이나 니트 등 따스함이 전해지는 소재가 계절과 잘 어울린다. 중절모 스타일이면 레오파드(leopard)나 기하학 프린트처럼 무늬가 들어간 스타일로 포인트를 준다.

스카프는
오래된 옷도 달라 보이게 하는
마력이 있다

외모를 새롭게 하고, 평범한 옷차림에 활기를 더해 주는 가장 빠른 방법은 스카프를 두르는 것이다. 단조롭고 특별할 것 없는 옷을 입고 스카프를 두르면, 그 차림새가 완전히 다른 방식으로 변모해서 스타일을 다양화할 수 있다. 봄에는 실크 스카프, 여름에는 마직 스톨, 가을에는 숄, 겨울에는 머플러나 스누드 등 사계절 내내 이런 식으로 스카프를 이용해서 옷차림에 컬러를 더하고, 묶거나 두르는 방법도 바꿔 가면서 스타일에 신선함을 더할 수 있다.

여성 대부분이 다양한 스카프를 갖고 있지만, 매는 요령을 잘 몰라서 막상 옷을 입고 나설 때는 갈팡질팡하는 경우도 많다. 옷은 제대로 차려입었는데 스카프를 충분히 활용하지 못하면 옷마저 하찮

아 보인다. 멋진 연출을 위해서는 연습도 필요하지만, 스카프를 둘렀는데 어딘지 아줌마 느낌이 풍긴다면 얼른 풀어서 다시 묶는 수고만은 게을리하지 말자.

스카프도 다른 액세서리와 자기 체형에 맞춰서 연출해야 조화롭게 보인다. 체구가 작은 여성이라면 자그마한 쁘띠(petite) 스카프나 앙증맞은 패턴의 스카프가 잘 어울리고, 몸집이 큰 여성은 패턴과 사이즈에서 좀 더 대담한 스타일을 착용해도 괜찮다. 무겁고 큼직한 니트 스톨을 작고 아담한 여성이 두른다면 무게에 짓눌려 마치 갑옷을 걸치고 있는 것처럼 보인다. 크더라도 가볍고 얇은 스톨을 둘러서 포근함과 사랑스러운 느낌을 동시에 전해 보자.

전체 옷차림에서 컬러 감각을 가장 이상적으로

보여 주는 방법은 스카프를 두르는 것이다.

옷과 보색인 스카프로 대조를 이뤄서

포인트를 주거나, 스카프에 들어 있는

여러 색상 중 하나를 옷과 맞추면 화려하면서

안정적인 색감을 드러낼 수 있다.

스카프는 스타일링을 효율적으로 도와주는

아이템이기 때문에 다양한 색상이나

디자인을 여러 장 마련해 두면 편리하다.

스카프의 미덕은 하늘하늘하고, 나풀거리는 미세한 움직임이다. 따라서 실크나 캐시미어처럼 얇고 부드러운 소재의 스카프를 꽉 조여 매면 느낌이 살지 않는다. 약간 부풀리듯이 느슨하게 둘러서 꽃받침처럼 활용하면, 얼굴이 작아 보이는 효과까지 얻을 수 있다.

스카프가 반드시 목에만 둘러야 하는
아이템은 아니다. 예를 들어 큼직한
보스턴백(boston bag) 손잡이에 가볍게
묶어 줘도 되고, 자그마한 쁘띠 스카프를
꼬아서 팔찌처럼 손목에 매도 멋스럽고,
벨트 대용으로 벨트 고리에 끼워서 포인트를
줄 수도 있다. 이처럼 스카프를 목에서
풀고 어깨나 허리 등에 감으면 다른
액세서리처럼 활용할 수 있다.

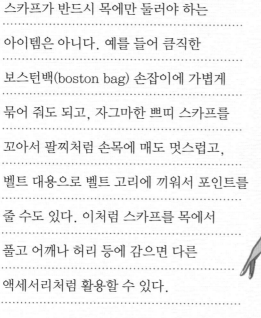

스카프를 마치 붕대를 감듯이 단단하고 꼼꼼하게
목에 두르면 답답해 보인다. 특히 목이 짧은 여성은
반드시 목을 시원하게 드러내 놓거나, 스카프를
느슨하게 아래쪽으로 묶거나, 아니면 세로로
길게 늘어뜨리는 스타일이 멋스럽다.

191 ladylike

스카프 테크닉 / Scarf Technic

우선 스카프를 착용할 때는 자신의 목 길이를

고려해야 한다. 짧은 목 주위에 큰 매듭이

오게 되면 짧은 목만 더욱 강조될 뿐이다.

체구가 작은 여성은 쁘띠 스카프나

깜찍한 패턴의 스카프가 잘 어울리고,

체구가 크면 패턴과 사이즈에서 좀 더

과감하고 대담한 스카프가 잘 어울린다.

옷으로 선택하기에는 망설여지는

화려한 색상의 스카프도 갖춰 두면 유용하다.

Technic 1

화려한 스카프를 맬 때는 무늬에 있는 색상 중에서
하나를 골라 색조만 약간씩 차이를 주면서
상·하의에 매치하면 포인트 스타일이 완성된다.
가슴 위치에 볼륨감을 살려서 매면 가슴도
커 보일 뿐 아니라 목이 가늘어 보이는 효과도 있다.

스카프는 디자인과 크기만큼이나

소재 또한 다양하기 때문에 즐겨 입는 옷에

맞춰서 어떤 종류의 소재를 선택하느냐가

중요하다. 정장 스타일을 자주 입는다면

실크나 캐시미어 소재로 된 길쭉한 형태의

스카프를 고르는 것이 적절하고,

캐주얼한 스타일을 주로 입는다면

저지나 코튼 소재의 스카프를 선택하는

것이 훨씬 효과적이다.

Technic 2

데님 팬츠에 실크 스카프를 둘러맨다든가 코트에
짤막한 저지 스카프를 두르고 다니는 불상사가
일어나선 안 된다. 일러스트처럼 가늘고 긴 저지 스카프는
캐주얼 차림에 잘 맞고, 세로 라인이 돋보여서
전체적인 실루엣도 가늘고 길어 보인다.

울이나 캐시미어, 니트로 된 큰 스톨이나 숄은

케이프(cape 소매가 없는 외투의 총칭)처럼

어깨를 전부 감싸서 두르면 또 다른

아우터처럼 활용할 수 있다. 회색이나

갈색같이 유행을 타지 않는 색은 넓은

면적으로 둘러도 부담스럽지 않아서 전체

코디를 방해하지 않는다. 화려하다 못해

요란해 보이는 옷차림이라도 이런 스톨을

두르면 깔끔하고 세련되어 보인다.

큰 스톨은 아우터를 걸치는 감각으로 두르면 별다른 기술 없이도
멋 내기의 고수처럼 보일 수 있다. 여유롭고 우아한 분위기가
나올 때까지 계속 두르면서 감각을 키우면 된다.
스톨을 두르면 상체에 입체감이 생겨서 하체가
날씬해 보이는 효과는 덤으로 얻게 된다.

멋을 즐길 수 있는 아이템으로 제격인

스톨은 가볍게 두르기만 해도 드라마틱한

효과를 나타내서 어떤 스타일에도 포인트가

될 수 있다. 시선을 위로 모아 주기 때문에

얼굴이 화사해 보일 뿐 아니라 화려함을

더해 멋쟁이로 보이게 해 주어서 활용도

또한 만점이다. 비칠 정도로 얇고

부드러운 소재의 스톨을 하나 갖고

있으면 사계절 사용도 가능하다.

아직 화려한 패턴의 스톨이 조금 부담스럽다면 소재에
집중해서 선택하는 방법도 있다. 소재로 부드러운 감촉은 물론
우아한 분위기를 더할 수 있는데, 고급스러운 소재의
무지 스톨이라면 계절에 상관없이 사용할 수 있어서
활용도까지 뛰어나다.

머플러 / Muffler

스카프가 패션을 위한 아이템이라면

머플러는 패션성과 동시에 보온성을 갖춘

최강의 액세서리이다. 추위를 막는 기능적

측면 때문에 패턴이나 디자인뿐만 아니라

크기나 소재도 중요하다. 머플러를 두르는

가장 흔한 방법은 한 번 감은 후 양쪽으로

길게 늘어뜨리는 것인데, 이때 너무

꽉 조여 매지 말고 한 번을 둘러도

볼륨감이 나오도록 유의해야 한다.

머플러를 두를 때 목을 꽉 조이듯이 칭칭 둘러 감으면
답답하고 융통성 없게 보인다. 일단 목 주위에서는
느슨하게 두르고, 얼굴에서 어깨까지 넓히듯이 공간을
만들어 가면서 마무리하면 머플러로도
여유로운 실루엣을 연출할 수 있다.

머플러 연출법

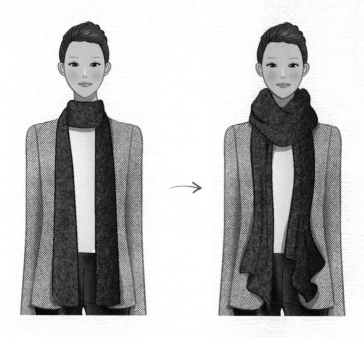

단정하게 힘껏 조여서 두르면 남성적인 느낌이 들고, 자로 잰 듯이 좌우 대칭을 딱 맞게 늘어뜨리는 것도 고루하고 나이 들어 보인다.

단 한 번을 두르더라도 얼굴보다 크게 두르면 얼굴이 작아 보인다. 머플러에도 자연스러운 주름이 나타나야 예쁘게 보인다.

머플러 테크닉 / Muffler Technic

단색으로 된 무늬 없는 머플러는 어디에나

잘 어울린다. 따뜻해 보이는 니트나 울 소재의

머플러를 앞뒤로 교차해서 두르거나

양쪽으로 늘어지는 부분의 길이에 차이를

준다거나 해서 두르는 방법을 바꾸면

겨울철 옷차림도 무거워 보이지 않는다.

또 비슷한 컬러의 머플러를 두 개 겹쳐 두르면

남다른 패션 감각을 뽐낼 수 있으면서

강추위가 와도 두렵지 않다.

Technic 1

무거워 보이는 니트 머플러는 자그마한 체형의 여성이
착용하면 자칫 머플러에 짓눌려 보일 수도 있다.
크고 무게감이 느껴지는 머플러는 큰 체형의 여성에게
양보하고, 가벼운 소재의 머플러를 선택해서
발랄하고 경쾌한 느낌을 전한다.

화려한 패턴을 가미한 머플러는 자칫하면

부담스러울 수 있다. 심플 룩(simple look)을

즐겨 입는다면 클래식한 체크 머플러로

생기를 더해 보자. 다른 패턴보다 포근한

느낌을 주는 데다 연출하는 방법에 따라서

전혀 다른 분위기를 풍길 수 있다.

또 두꺼운 니트 머플러는 하나만 툭 걸쳐도

멋스러워서 따뜻하고 포근한 감촉만큼이나

부드러운 인상도 전해 준다.

Technic 2

길이가 길고 패턴이 있는 머플러는 둘둘 감지 말고
넥타이처럼 매서 품위 있는 스타일로 어필하거나
머플러 끝을 뒤로 가게 늘어뜨려서 뒷모습으로도
강한 인상을 남겨 보자. 이렇게 하면 숨기고 싶은
큰 엉덩이도 쉽게 가릴 수 있다.

스누드 / Snood

스누드는 원래 헤어네트(hairnet)형 모자의

일종으로, 머리를 묶는 끈이나 머리 망을

지칭하기도 한다. 현대에 와서 일반적인

스누드는 머플러와 터틀넥의 중간 같은

둥글게 양끝이 연결된 고리 형태로, 목 부분에

걸치거나 머리에 써서 후드(hood)로도

사용할 수 있다. 목에 보온성을 제공하면서

다양하고 멋스럽게 자신의 개성을

표현할 수 있게 해 주는 아이템이다.

헤어와 동색 계열 스누드가 자연스러워 보인다.
니트 스누드의 따뜻하고 포근한 감촉만큼 부드러운 인상을
준다는 점도 매력적이다. 스누드에 볼륨감이 있기 때문에
상의는 되도록 핏감이 느껴지는 타입을 선택하면
날씬하고 스타일리시하게 보인다.

스누드 연출법

옆에서 봤을 때 뒤통수보다 스누드 길이가 길면 뒤가 풍성해 보여서 아름다운 실루엣이 나온다. 스누드를 두를 때는 약간 뒤쪽에 위치하도록 조절해서 밸런스를 잡는다. 목의 따스함을 터틀넥에만 의존하지 말고 스누드에도 맡기면 겨울철 스타일링의 포인트가 될 수 있다.

스타킹이나 양말을
신을 때도
감각을 빼놓으면 안 된다

　화려한 원피스에 뒷굽이 아찔하게 높은 스틸레토 힐(stiletto heel)을 신고, 클러치 백도 멋지게 든 그녀에게 검정 기모 스타킹(stocking)이 대체 웬 말인가? 테일러드 팬츠에 앵클부츠(ankle boots)를 신고 스톨까지 우아하게 둘렀는데, 불투명한 살색의 발목 스타킹이라니 이건 또 무슨 스타일인가? 이처럼 옷이나 구두, 핸드백 등 모든 아이템을 완벽하게 선택했지만 스타킹 하나를 잘못 골라서 전체 스타일을 망쳐 버리는 여성을 종종 볼 수 있다.

　분명 스타킹이나 양말이 전체 스타일을 좌우할 정도로 중요하다고는 말할 수 없지만, 제대로 맞추지 못하면 패션 감각이 전혀 없는 사람으로 비칠 수 있다는 점은 염두에 두자. 당신이 각선미에 자신 없다면, 무늬가 있거나 튀는 색상의 스타킹은 쳐다보지도 말자. 그런 스타킹은 다리에 시선을 모아서 굵은 다리를 강조할 뿐이다.

스커트나 원피스에는 팬티스타킹(panty stocking)을 신는 것이 정석이다. 무릎까지 오는 니 하이 삭스(knee-high socks 흔히 판타롱 스타킹이라고 부르지만 잘못된 명칭)의 밴드 부분이 스커트의 트임 사이로 엿보이면 흉물스럽기 그지없다.

또 샌들을 신을 때 '페이크 삭스(fake socks)'라고 불리는 덧신은 제발 신지 말자. 샌들은 원래 발가락이 보이게 신는 신발이다. 아직도 발가락을 드러내는 것이 예의에 어긋난다고 생각해서 이런 정체불명의 스타일을 고수하는 여성들이 있는데, 정말로 맨발이 마음에 걸린다면 덧신을 가방에 넣어 다니다가 신발을 벗는 상황에서 꺼내 신도록 하자.

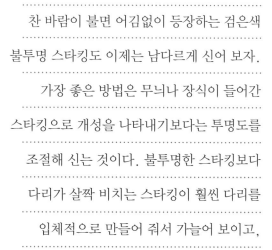

스타킹 / Stocking

찬 바람이 불면 어김없이 등장하는 검은색

불투명 스타킹도 이제는 남다르게 신어 보자.

가장 좋은 방법은 무늬나 장식이 들어간

스타킹으로 개성을 나타내기보다는 투명도를

조절해 신는 것이다. 불투명한 스타킹보다

다리가 살짝 비치는 스타킹이 훨씬 다리를

입체적으로 만들어 줘서 가늘어 보이고,

한층 여성스럽고 섹시해 보인다.

단, 올이 나가지 않았을 때만 해당된다.

데니어(denier)란 스타킹 섬유의 굵기를 나타낼 때
사용하는 단위로 숫자가 클수록 두껍고 불투명하고,
숫자가 작을수록 얇고 투명하다. 드레시한 스타일에는
30데니어 이하의 다리가 비치는 스타킹을 신으면
옷차림과도 잘 어울리고 섹시하게 보인다.

무늬가 있거나 튀는 색상의 스타킹은

다리가 가늘어서 고민인 여성들의

전유물이라고 생각하자. 패턴 스타킹이나

컬러 스타킹은 종아리를 굵어 보이게 만들고,

고탄력 스타킹 중에서 광택이 심한 타입을

신으면 오히려 다리가 통통해 보인다는

점에 유의해야 한다. 대체로 번들거리지

않는 매트한 타입의 스타킹이 다리를

날씬하게 보여 준다.

미니스커트(miniskirt)를 야하지 않은 느낌으로
입고 싶을 때는 두꺼운 검정 스타킹을 활용하자.
여기에 무심함을 더하고 싶다면 발등이 드러나는
펌프스보다 발등을 가리는 부티(bootee 보통
발목까지 오는 길이의 부츠)를 신으면 시크하다.

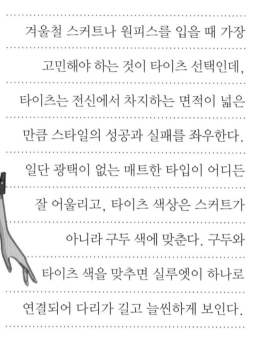

타이츠 / Tights

겨울철 스커트나 원피스를 입을 때 가장
고민해야 하는 것이 타이츠 선택인데,
타이츠는 전신에서 차지하는 면적이 넓은
만큼 스타일의 성공과 실패를 좌우한다.
일단 광택이 없는 매트한 타입이 어디든
잘 어울리고, 타이츠 색상은 스커트가
아니라 구두 색에 맞춘다. 구두와
타이츠 색을 맞추면 실루엣이 하나로
연결되어 다리가 길고 늘씬하게 보인다.

검정 구두에는 짙은 회색이나 광택 없는 검정 타이츠,
갈색 구두에는 초콜릿색이나 카키빛이 도는 갈색 타이츠를
신으면 멋스럽다. 또 시폰이나 실크처럼 얇고
여성스러운 소재의 스커트를 입을 때는 도톰한 울로 된
타이츠를 신고 믹스 앤 매치를 즐겨 보자.

긴 겨울 동안 검정 타이츠 하나에만 의지하지

말고 가끔은 컬러나 패턴이 있는 타이츠를

활용해서 옷차림에 활기를 더해 보자.

패턴 타이츠를 선택할 때는 검정이나

회색 같은 기본 컬러에 자그마하고 클래식한

패턴을 고르면 우아해 보인다.

검정 외에 네이비나 그레이, 브라운, 와인색,

카키색 등 차분한 색상을 갖춰 두면

활용하기 편하다.

너무 두드러지는 색상이나 무늬를 선택하면
다리만 눈에 띄어서 전체 스타일을 망치게 되므로 주의한다.
또 컬러 타이츠에 도전할 때도 화려하고 선명한 색이 아니라
남색이나 자주색만으로도 검정 타이츠에서는 느끼지 못하는
감각 있고 상큼한 코디를 즐길 수 있다.

207 ladylike

정장 팬츠를 입는 경우에는 대부분 발목이나

무릎까지 오는 길이의 스타킹을 신는데,

더욱 감각적으로 보이고 싶다면 양말을

신어 보자. 바지 색과 같은 색상의 양말은

키를 커 보이게 하고, 다리를 꼴 때 엿보이는

양말의 잔잔한 무늬가 은근한 멋을 풍긴다.

이처럼 크게 눈에 띄지 않는 작은 부분까지

세심하게 신경 쓰는 모습에서

남다른 패션 감각이 전해진다.

조금 짧은 길이의 팬츠나 밑단을 롤업한 데님 팬츠를 가을 겨울에 입을 때 특히 고민하게 되는 것이 팬츠와 신발을 연결하는 방법이다. 이런 경우에는 남자 양말 스타일을 적극적으로 활용해 보자. 회색이라면 바지 색에 크게 구애받지 않고 어디든 잘 어울린다.

보온이나 위생상의 이유로 양말을 신던

시절은 지났고, 이제는 당당히 패션의 포인트로

간주되는 아이템이다. 가로줄 무늬 양말은

전체 스타일을 경쾌하게 완성해 주고,

체크나 도트(dot) 등 전통적인 패턴의 양말은

전체 스타일에 클래식한 느낌을 더해 준다.

또 단정한 스타일의 옷차림에

스트라이프 양말을 신으면

활기찬 분위기까지 보탤 수 있다.

발목이 노출되는 길이의 팬츠는 날씬함을 가져다주는데,
피부색을 드러내기엔 허전해 보이는 가을 겨울이라면
잘 고른 양말로 세련미까지 얻을 수 있다.
언뜻 비친 발목에서 아가일(argyle) 체크 같은 클래식한
패턴이 나타나면 말 그대로 무심한 듯 시크해 보인다.

다리를 예뻐 보이게 하는
구두는
분명 존재한다

구두는 전체 스타일을 결정짓는 매우 중요한 액세서리다. 예쁜 구두를 신었는데도 스타일이 살지 않는 여성을 유심히 관찰해 보면, 대부분 자기 발에 맞지 않는 구두를 신어서 걸음걸이가 망가져 있는 경우가 많다. 구두는 무턱대고 디자인만 보고 선택하면 안 되지만, 예쁘고 새로운 디자인에 쉽게 마음을 빼앗겨 버릴 수 있는 것도 사실이다. 겉모습에 현혹되지 말고 자신의 발에 딱 들어맞는 한 켤레를 찾아야 하기 때문에 반드시 먼저 착용해 보고 몇 걸음이라도 걸어 본 다음 구매해야 한다. 특히 오후가 되면 발이 붓기 때문에, 될 수 있으면 오후에 신어 보고 부은 발에도 불편하지 않은 사이즈를 골라야 통증 없이 오래 신을 수 있다. 그렇다고 해서 편한 착용감만을 위해 스타일을 저버려서는 안 된다.

무겁고 투박한 굽으로 된 구두는 전체적인 모양도 무겁고 둔해 보이지만, 종아리 근육이 발달한 여성이 신으면 하이힐보다 근육이 두드러져 보이지 않으면서 안정적으로 느껴진다. 발목을 끈으로 묶는 타입은 다리에 가로선을 만들어서 다리가 짧고 발목이 굵어 보이게 하기 때문에 너무 가느다란 다리가 고민인 여성에게 맞는 구두다. 자신에게 어울리는 구두는 스타일의 완성을 보장하지만, 디자인이 마음에 든다고 어울리지도 않는 구두를 고른다면 전체 스타일을 완전히 망쳐 버리기 쉽다. 그보다 최악은 구두 굽이 닳아서 쇳소리가 나거나, 뒤꿈치에 달린 구두 끈이 흘러내리거나, 구두 굽이 까져서 희끗희끗하게 보이는 상태다. 그런 구두는 신고 다닐 것이 아니라 당장 손보는 일이 먼저다.

펌프스 / Pumps

구두의 기본은 역시 펌프스다.

펌프스는 지퍼나 끈 같은 잠금장치가 없고

발등이 파인 여성용 구두를 말하는데,

많이 파이면 파일수록 발목이 가늘고 다리가

길어 보인다. 검정과 중간색 펌프스는 꼭 갖춰

두어야 할 구두이고, 무릎부터 발끝까지

하나로 이어져 보이는 펌프스야말로 시선이

어딘가에서 끊기지 않고 쭉 연결되기

때문에 다리맵시를 돋보이게 해 준다.

5~7cm 정도의 굽 높이에, 신었을 때 편안한 펌프스가 활용하기도 좋다. 10cm 이상의 하이힐은 플랫폼 슈즈(platform shoes)처럼 앞부분의 밑창도 높게 만든 구두가 높아도 걷기 편안하고 트렌디하다. 이때 앞굽과 뒷굽의 차이가 3cm 정도 나면 이상적이다.

펌프스 선택법

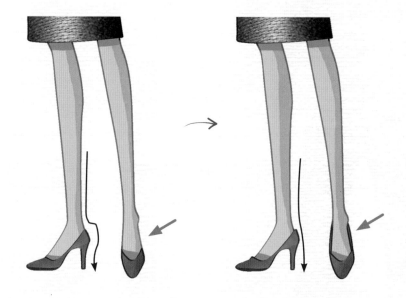

디자인이나 컬러만 보고 자기 발에 맞지 않는 펌프스를 선택하면 무릎에서 발끝까지 이어지는 라인이 매끈하게 떨어지지 않는다.

몸의 일부분으로 보이는 펌프스는 엄연히 존재한다. 신발을 고를 때 디테일한 부분까지 신경 쓰면 예쁘고 날씬한 다리로 보일 수 있다.

샌들은 발등 부분이 거의 노출되고

끈이나 폭이 넓은 밴드로 여미도록

만든 신발로, 평평한 굽부터 하이힐 타입까지

다양한 스타일이 있다. 아무래도 여름에 주로

신게 되는 샌들은 캐주얼한 옷차림에

잘 어울리는 낮은 굽을 많이 신지만, 굽이 높은

샌들을 적절히 활용하면 전체 스타일에

섹시함을 더해 준다. 흰색 샌들은 여름철에

어떤 옷차림이든 소화할 수 있다.

샌들은 자신의 발 모양과 완벽하게 일치되어야지,
샌들의 옆이나 앞뒤로 발가락이나 뒤꿈치가
삐져나오면 안 된다. 걸을 때 통증을 유발하기
쉬운 구두이기 때문에 끈 부분도 너무 조이거나
약하지 않은지 반드시 확인해 두어야 한다.

샌들 선택법

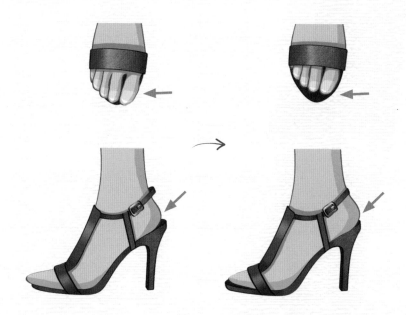

힐도 높은데 사이즈마저 큰 샌들을 신으면 무게 중심이 쏠려서 발가락이 앞으로 나온다. 발가락이 크고 튀어나와 보여서 매우 흉하다.

자신의 발에 꼭 맞는 샌들을 신으면 심지어 발가락도 훨씬 예뻐 보인다. 발가락이 닿는 부분이 살짝 드러나면서 감싸고 있는 듯한 느낌이 발을 작아 보이게 해 준다.

슬링 백 / Sling Back

슬링이란 '뒤꿈치를 고정하기 위한
가죽끈'이라는 뜻으로, 발뒤꿈치 부분에
슬링이 달린 구두를 슬링 백이라고 부른다.
슬링 백 스타일은 샌들과 펌프스에서 많이
사용된다. 앞뒤가 꽉 막힌 일반적인
펌프스와 달리 뒤꿈치가 열려 있어서
시원하고 뒷모습도 아름답지만, 팬츠와 함께
신으면 바짓단이 끈 장식 사이에 끼는
경우가 많아서 불편할 수도 있다.

슬링 백을 신을 때 가장 중요한 것은 디자인도
편안함도 아닌 발뒤꿈치의 각질 상태다.
아무리 고가의 명품 구두를 신었어도 뒤꿈치에 허옇게
각질이 일어난 채 외출하는 일은 너덜너덜한 속옷을 입고
밖에 나가는 것과 마찬가지라고 생각하자.

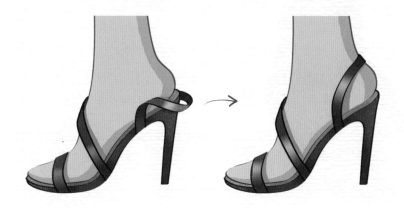

발뒤꿈치에 달린 슬링이 벗겨
지거나 흘러내리는 상태는 걷
기 불편할 뿐 아니라 보기에도
매우 흉하다.

슬링이 뒤꿈치에 잘 고정되어
있는지 뿐만 아니라 발등을 지
나는 스트랩(strap 끈)도 잘 맞
는지 확인한다.

에스파드리유 & 웨지 힐 / Espadrille & Wedge Heel

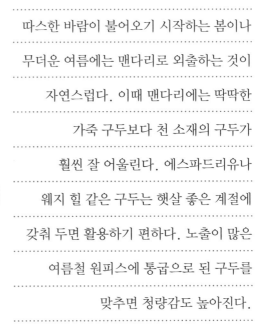

따스한 바람이 불어오기 시작하는 봄이나

무더운 여름에는 맨다리로 외출하는 것이

자연스럽다. 이때 맨다리에는 딱딱한

가죽 구두보다 천 소재의 구두가

훨씬 잘 어울린다. 에스파드리유나

웨지 힐 같은 구두는 햇살 좋은 계절에

갖춰 두면 활용하기 편하다. 노출이 많은

여름철 원피스에 통굽으로 된 구두를

맞추면 청량감도 높아진다.

화려한 원피스나 단정한 스커트를 입을 때 여성스러움을 강조하기 위해서 높은 하이힐만 고집했다면, 에스파드리유나 웨지 힐로 바꿔 보자. 구두의 편안함이 옷차림에 더해져서 발랄하고 귀여운 스타일을 완성할 수 있다.

Style 1 에스파드리유

끈을 발목에 감고 신는 캔버스화를
지칭하는 에스파드리유는 특히 여름
철 하프 팬츠를 입을 때 발목을 리본
으로 묶을 수 있는 타입을 선택하면
스타일리시하게 연출할 수 있다.

Style 2 웨지 힐

웨지 힐이란 옆에서 봤을 때 밑창과
굽이 쐐기(웨지 wedge)형으로 끼워
진 듯이 연결된 구두를 말한다. 통굽
처럼 바닥이 두꺼운 웨지 힐 타입은
베이지 계열 색상이면 걷기 편할 뿐
아니라 경쾌해 보인다.

앵클 슈즈 / Ankle Shoes

예전에는 발목, 즉 앵클(ankle)까지

오는 길이의 구두를 주로 팬츠 안으로

들어가게 신었지만, 요즘은 스커트나

착 달라붙는 팬츠에도 앵클 슈즈를 신으면서

전체적인 스타일에 펑키함을 더한다.

또 크롭 팬츠처럼 발목이 드러나는 팬츠에

앵클 슈즈를 신으면 다리가 길어 보이면서

한결 밝고 경쾌한 인상을 준다. 물론

발목이 가늘어 보이는 것은 기본이다.

너무 장식적이고 화려한 타입보다 가능한 한
깔끔한 디자인의 앵클 슈즈를 선택해서 발목 주위를
정돈된 느낌으로 연출해야 훨씬 스타일리시해 보인다.
발등에 T 자 모양을 이루는 T 스트랩 타입은
전체적인 스타일에 섹시함을 더해 준다.

앵클 슈즈 연출법

Style 1 봄

겨울에 신던 앵클부츠 대신 앵클 샌들로 봄을 알려 보자. 팬츠 색상과 같은 색의 타이츠를 신고 샌들을 신으면 스타일과 보온을 동시에 즐길 수 있다.

Style 2 여름

여름에 신는 샌들도 발목까지 올라오는 앵클 길이면 훨씬 트렌디하게 보인다. 슬리퍼(slipper) 형태의 디자인이라도 너무 캐주얼해 보이지 않는다.

Style 3 가을

가을에는 바지통이 좁은 스키니에 폭이 넓은 부티를 맞춰 보자. 발목이 약간만 보여도 대비되는 효과로 한층 가늘어 보인다.

Style 4 겨울

겨울용 부츠 길이도 팬츠 길이와 맞추면 감각 있게 보인다. 겨울철에도 길이가 짧은 팬츠를 입을 때는 앵클부츠가 산뜻해 보인다.

메리 제인 슈즈 / Mary Jane Shoes

끈이 발등을 지나는 형태의 구두를
메리 제인 구두라고 한다. 앞코 모양이
둥글고 발볼이 넓으면서 구두 한가운데에
끈이 달려 있어서 걷기에도 편하고,
또 귀여워 보여서 어린이나 여학생들이
교복을 입을 때 즐겨 신는 구두이기도 하다.
매우 여성적이고 클래식한 형태의
구두다 보니 오랜 세월 동안 여성들의
필수 아이템으로 자리 잡고 있다.

걷기 편하다는 이유로 정통 스타일의 메리 제인 구두를
신으면 보수적이고 고루해 보인다. 여고생이 아닌 이상
광택이 있는 에나멜(enamel)이나 벨벳(velvet),
애니멀 프린트(animal print)같이 구두의 소재나
디자인을 다양화해서 스타일리시하고
섹시하게 연출해야 한다.

메리 제인 슈즈 선택법

Style 1 Pointed Toe 포인티드 토

얌전한 소녀들의 교복용 구두처럼 보이지
않도록 앞코가 뾰족하고 굽이 높은 하이힐
로 선택하자. 발등 중간에 끈이 있더라도 어
른스러움이 느껴진다.

Style 2 Vamp Strap 뱀프 스트랩

귀여움과 섹시함을 모두 갖춘 메리 제인을
신고 싶다면 발등을 지나는 끈이 발등 한가
운데가 아닌 앞코 가까운 쪽에 달려 있는 구
두를 선택한다.

Style 3 Ankle Strap 앵클 스트랩

발목을 빙 둘러 감싸는 가느다란 앵클 스트
랩이 달린 메리 제인 구두는 발목이 훨씬 가
늘어 보여서 더욱 여성스러운 느낌을 준다.

앵클부츠 / Ankle Boots

발목까지 오는 길이의 앵클부츠는

유행을 타지 않아 매 시즌 스타일리시하게

활용할 수 있다. 앵클부츠는 굵은 발목을

커버하기에 최상일 뿐 아니라 시선을

무릎, 종아리, 발목으로 분산하기 때문에

두꺼운 허벅지도 커버해 줄 수 있다.

쇼트 팬츠나 미니스커트처럼 짧은 하의를

입을 때 앵클부츠와 매치하면 스타일이

안정되어 보여서 잘 어울린다.

하의를 짧게 스타일링할 때 잘 어울리는 앵클부츠는
특히 굵은 발목을 감쪽같이 감출 수 있어서 유용하다.
또 다리가 짧은 체형이라면 스타킹이나 하의를
부츠와 같은 색으로 통일해서 전체적으로
길어 보이는 시각 효과를 줄 수 있다.

Style 1 ╱ 자 모양

몸집이 작거나 다리가 짧은 여성은 옆에서 봤을 때 뒤꿈치 부분이 높고 발목 앞쪽으로 오면서 점점 낮아지는 비스듬한 디자인이 잘 어울린다.

Style 2 ─ 자 모양

발목이 두꺼운 여성은 옆에서 봤을 때 발목 부분이 앞뒤 ─ 자 모양으로 되어 있는 스타일을 신어서 없던 발목을 부츠 길이로 만들어 주면 된다.

Style 3 ╲ 자 모양

키가 크거나 다리가 가느다란 여성이라면 Style 1과 반대로 옆에서 봤을 때 뒤꿈치 부분보다 발목 앞쪽 부분이 높은 디자인이 잘 어울린다.

롱부츠 / Long Boots

종아리의 결점을 감추기 좋은 롱부츠는

심플한 디자인에 가느다란 실루엣, 무릎 바로

아래까지 오는 길이가 가장 무난하다.

이 길이의 부츠는 어떤 하의와도 잘

어울리지만 무릎 바로 위까지 내려오는

스커트와 맞출 때 가장 예쁘게 보인다.

일자형 롱부츠에 0.5cm 정도 틈이

있어서 종아리를 너무 조이지 않는 타입으로

선택하면 굵은 종아리도 쉽게 가릴 수 있다.

웨스턴 부츠(western boots)는 앞코가 길고
윗부분이 곡선으로 이루어져서 다리 라인을
좀 더 슬림하게 보여 준다. 종아리 중간 정도까지
오는 길이가 적당하고, 데님 팬츠 외에
여성스러운 시폰 원피스나 스커트에도 잘 어울린다.

롱부츠 선택법

Style 1 Front 정면

정면에서 봤을 때 가운데 중심선을 의식해서 좌우
대칭으로 밸런스가 잘 맞는지 체크한다.

Style 2 Side 측면

부츠 입구가 너무 넓지 않고, 발등에 주름이나
가로선이 생기지 않는 타입을 선택한다.

Style 3 Back 후면

뒤에서 봤을 때 한쪽으로 치우침이 없는지 체크한
다. 절대 굽이 틀어져 있는 것을 고르면 안 된다.

스킨 톤 슈즈 / Skin tone Shoes

다리를 매끈하고 날씬하게 보여 주는 구두를

선택하는 것은 패셔니스타의 기본이다.

피부색과 비슷한 베이지 계열(핑크,

코럴, 옐로우, 골드, 베이지 등)의 구두는

무릎 아래를 시각적으로 연장해서 다리가

길어 보이는 효과를 가져다준다.

날씬한 실루엣을 위해서는 무릎 아래를

길고 곧은 다리로 보여 주는

구두인지 아닌지 확인해야 한다.

다리가 1cm라도 길고 날씬해 보이도록 구두 색은
다리와 같은 색으로 맞춘다. 타이츠를 신었을 때는
같은 색의 구두를, 피부 톤의 스타킹을 신거나
맨다리일 때는 베이지 톤의 구두를 선택하면 비즈 같은
화려한 장식물이 달려도 과해 보이지 않는다.

스킨 톤 슈즈 선택법

Style 1 Flat Shoes 플랫 슈즈

앞코가 짧은 타입의 베이지 톤 구두는 발과 구두가 하나로 연결되어 보여서 발등도 길어 보인다. 발가락 뿌리 부분이 살짝 드러나면 섹시함도 더해진다.

Style 2 T strap Shoes T 스트랩 슈즈

T 스트랩 구두도 베이지라면 전체 코디에 구애받지 않고 무난하게 신을 수 있다. 붉은 기를 띤 핑크 베이지나 에나멜 소재로 광택이 있는 타입을 추천한다.

Style 3 Strap Shoes 스트랩 슈즈

발등을 사선으로 가로지르는 피부와 같은 색의 스트랩이 달린 구두는 더욱 다리를 길어 보이게 해 주어서 다리가 짧은 여성에게 최상의 아이템이다.

슈즈 x 보텀 / Shoes x Bottom

전체적으로 스타일이 좋다고 얘기할 때는

구두와 하의가 얼마만큼 잘 어울리는지를

보고 판단하게 된다. 팬츠의 경우에는

바지폭이 넓으면 구두 끝이 뾰족한

포인티드 토처럼 폭이 좁은 구두는

어울리지 않는다. 또 두툼한 아우터를

입을 때 가느다란 핀 힐(pin heel) 등을

신으면 전체적인 스타일의

밸런스가 깨져 버린다.

스커트가 짧을수록 구두 굽은 낮아진다는 것이
일반적인 규칙이다. 미니스커트를 입고 높은 하이힐을
신으면 균형이 잡히지 않을 뿐 아니라,
다리 노출이 너무 과해서 섹시하기보다는
부담스럽게 보일 수 있기 때문에 주의한다.

하의 길이에 따른 구두 연출법

Style 1 Long Length 긴 길이

무릎까지 내려오는 길이의 스커트를 입을
때는 다리가 짧게 느껴지지 않도록 하이힐
을 신어서 종아리 아래를 길어 보이게 해야
스타일리시하다.

Style 2 Mid Length 중간 길이

무릎 위로 올라오는 길이의 하의는 부티나
앵클 슈즈로 스커트 밑단부터 구두 입구까
지 길이를 적절히 조절하면 단아하면서도
날씬해 보인다.

Style 3 Mini Length 짧은 길이

쇼트 팬츠나 미니스커트에 하이힐을 신으
면 보는 사람이 부담스럽다. 하의 길이가
짧을수록 구두 굽의 높이는 낮아야 안정적
으로 보인다.

슈즈 x 핸드백 / Shoes x Handbag

구두와 핸드백의 조화는 크기의 강약 조절에서 나온다. 부츠나 통굽 계열의 구두처럼 가죽이나 천 부분의 면적이 넓으면서 투박하고 무거워 보이는 구두를 신을 때는 조금 가벼운 느낌의 핸드백을 고르고, 반대로 플랫 슈즈나 기본 펌프스 처럼 굽이 낮아서 가벼운 인상을 주는 구두를 신을 때는 크고 무게감이 있는 핸드백을 들면 조화롭게 잘 어울린다.

빅 백이라 불리는 큼직한 핸드백을 들 때는 구두가 차지하는 면적이 너무 크지 않고 무겁지 않은 타입으로 선택하면 세련되어 보인다. 펌프스나 플랫 슈즈라면 전체 스타일을 방해하지 않아서 큰 핸드백을 돋보이게 해 준다.

토트백(tote bag)이나 새첼 백(satchel bag) 같은 A4 서류가 들어갈 수 있는 정도의 중간 크기 핸드백에 롱부츠처럼 구두의 면적이 큰 타입을 맞추면 전체 스타일이 부담스럽고 과해 보인다. 이런 사이즈의 핸드백을 들 때는 앵클 계열의 구두나 스니커즈같이 너무 가볍게 보이지도 않고, 또 너무 무거워 보이지도 않는 구두가 잘 어울린다.

부츠나 통굽 구두처럼 무거워 보이는 구두를 신고 큰 가방을 들면 전체적으로 너무 둔해 보여서 스타일이 살지 않는다. 무게감이 있는 구두를 신을 때는 클러치 백이나 포셰트같이 손에 들거나 어깨에 메는 작은 핸드백이 잘 맞는다.

자존심과 미적 취향도
핸드백에
함께 담겨야 한다

핸드백은 전체적인 옷차림과 잘 어울리면 그 자체가 스타일의 포인트가 될 수 있지만, 차림새를 고려하지 않은 듯한 타입은 순식간에 전체 스타일을 우스꽝스럽게 망치기도 한다. 다른 액세서리와 달리 핸드백은 물건을 수납하는 실용적인 측면과 스타일에 악센트를 줄 수 있는 장식적인 측면 모두를 충족할 수 있어야 하는데, 생각보다 그런 백을 찾기란 쉽지 않아서 연출에 늘 애먹곤 한다.

핸드백은 색이나 디자인보다 소재가 전체 스타일에 큰 영향을 미친다는 점이 중요하다. 계절에 따라 어울리는 핸드백 소재가 달라지므로 계절의 변화를 느끼면 핸드백부터 바꿔 보는 방식으로 스타일을 완성해 가자. 따뜻한 봄이 오면 부드러운 스웨이드(suede)로 따스함을 전하고, 무더운 여름철에는 가벼워진 옷차림만큼 산뜻한 천이나 대나무 소재로 시원해 보이도록 하고, 서늘해진 가을에는 에나멜처럼 광택 있는 소재가 두꺼워진 복장에서 포인트가 되고, 매서운 겨울 추위에는 송치처럼 가죽 중에서도 포근함을 느낄 수 있는 소재가 잘 어울린다.

　하지만 제아무리 소재를 잘 골랐다고 해도 자기 체형과 맞지 않는 크기의 핸드백이라면 안 들은 것만 못하다. 핸드백은 디자인적 요소뿐만 아니라 소재와 크기를 잘 선택해서 전체 스타일에 제대로 녹아들어야 하는 액세서리라는 점을 명심하자.

토트백 / Tote Bag

쇼핑백처럼 윗부분이 열려 있고 두 줄의
손잡이가 달린 토트백은 상황에 크게 구애받지
않고 날마다 들어도 괜찮을 정도로 실용성이
높은 핸드백이다. 디자인이나 소재, 색상,
금속 장식에서 어딘가 여성스러움이
느껴지는 타입을 고르면 다양한 스타일에
활용하기 좋은데, 토트백을 포인트로 할지
옷에 잘 조화되게 할지를 먼저 정해야
하므로 색상이 가장 중요한 요소가 된다.

토트백 중에서도 특히 폭이 넓고 바닥이 평평한 타입은
수납이 편리하고 너무 캐주얼해 보이지도 않는다.
토트백의 손잡이 길이가 본체 길이와 엇비슷하면
어깨에 메든, 팔에 걸치든, 손으로 들든, 어떤 식이라도
경쾌한 실루엣으로 완성된다.

토트백처럼 뚜껑이 없는 핸드백은 속에

넣은 소지품이 훤히 들여다보이기 쉽다.

내용물이 많아서 밖으로 보일 듯할 때는

손수건이나 스카프 등을 살포시 올려

가려 주면 깔끔하고 스타일리시하게

마무리된다. 혹은 핸드백 안의 핸드백,

즉 파우치(pouch)에 소품들을 따로 담아서

다니면 설령 백이 쏟아지는 상황에 놓이게

되더라도 안심할 수 있다.

옷차림이 가벼워지는 여름에는 백도 당연히
가벼워져야 한다. 특히 스팽글로 장식된 토트백은
여름철 스타일링의 포인트가 될 수 있는데,
스팽글 장식이 백 전체를 덮기보다는 전체 면적 중에서
20~30%를 넘지 않아야 쿨해 보인다.

숄더백 / Shoulder Bag

어깨에 걸치도록 디자인된 숄더백은 곡선형
타입과 직선형 타입을 가려서 들면 옷차림이
더욱 돋보일 수 있다. 부드러운 곡선 형태는
전체 인상을 따뜻하게 만들어 주고, 직선
모양의 숄더백은 클래식한 품위를 느끼게
해 준다. 어떤 스타일이든 걸을 때
숄더백이 몸의 일부처럼 보일 수 있도록
앞쪽 끈에 엄지와 검지 사이를 살짝
걸친 채 발걸음을 옮기면 멋스럽다.

추운 날씨에는 옷차림이 두꺼워지면서 머플러도 두르고,
모자도 쓰기 때문에 시선이 위로 향하게 된다.
이런 스타일에는 손에 드는 핸드백보다 어깨에 메는
숄더백이 전체 실루엣을 정돈해서 시선을 분산하지
않으므로 훨씬 깔끔한 인상을 준다.

솔더백은 끈 길이에 따라서 느낌이 달라진다.

끈이 엉덩이보다 아래로 내려가는

긴 숄더백은 캐주얼 차림에 잘 어울리고,

끈이 허리선 위로 오면서 금속 장식이

두드러지는 타입은 정장 차림에 잘 맞는다.

하지만 끈 길이가 긴 숄더백은 키가 작은

여성이라면 피하는 것이 낫다.

긴 길이가 시선을 아래로 떨어뜨려서

가뜩이나 작은 키가 더 작아 보인다.

핸드백을 멜 때 상의의 가로 라인과 핸드백
바닥 라인을 맞추면 전체적인 스타일이 깔끔해 보인다.
숄더백을 메면 끈 길이를 조절해서 재킷의 끝자락에
맞춰 보자. 숄더백이 재킷에 붙어 있는 것처럼 보이면
훨씬 날씬한 인상을 줄 수 있다.

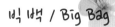

빅 백 / Big Bag

전체적인 스타일이라고 말하면

핸드백을 든 것까지 포함한 모습이기

때문에 백을 드는 방식을 무시할 순 없다.

체구가 작은 여성이 유행을 따른다고

커다란 빅 백을 걸치면, 핸드백을 들고

다니는 것이 아니라 가방에 질질

끌려다니는 것처럼 보이고 만다.

핸드백 크기는 유행보다는

자기 체구와 비례하는 타입으로 선택해야

잘 어울린다는 사실을 잊지 말자.

큰 가방을 어깨에 메거나 손에 들었을 때 실제로는
무겁더라도 무거워 보이지 않게 들어야 전체 스타일에
경쾌함이 더해진다. 빅 백을 어깨에 멨을 때
허리선 아래로 내려가지 않으면 하체의 실루엣이
무너지지 않아서 스타일리시해 보인다.

일하는 여성들이 가장 선호하는 핸드백은

노트북까지도 수납할 수 있는 큼직한

빅 백이다. 하지만 여행 가방이나

남성용 서류 가방처럼 보이는 큰 사이즈는

전체적인 스타일을 무겁고 둔한 느낌으로

만든다. 핸드백에 이리저리 끌려다니는 듯한

인상을 주지 않게 아무리 크거나

무거운 핸드백이라도 가벼워 보이도록

신경 쓰자. 불룩한 핸드백은 든 사람을

뚱뚱해 보이게도 한다.

체구가 큰 여성이 큼지막한 핸드백을 들 때는 상반신을
타이트하게 연출해야 날씬한 실루엣으로 완성된다.
핏감이 느껴지지 않는 여유 있는 사이즈의
너덕한 상의를 입고 축 처지는 커다란 핸드백을 들면
몸집이 거대해 보일 뿐 아니라 어수룩해 보인다.

보스턴백 / Boston Bag

보스턴백은 바닥이 직사각형이고 가운데가

불룩하면서 손잡이가 달린 간단한 여행 가방을

지칭하는데, 가볍고 가방 안이 넓어서 수납이

편리하고, 어떤 스타일에도 잘 어울려서 요즘에는

데일리 백(daily bag)으로 많이 애용한다.

날마다 들기 좋은 타입은 블랙, 네이비,

브라운, 버건디, 그레이 등 차분한

색상의 핸드백이다. 단 검정 옷에

검정 핸드백을 드는 스타일은 진부하다.

딱딱해 보이는 직선형의 보스턴백은 손잡이를 꽉 잡은 채 팔을 내려서 들지 말고, 팔꿈치를 살짝 구부려 팔에 걸치는 듯한 감각으로 들면 여성스러움이 드러난다. 이때 손목이 몸통 밖으로 나가면 우아함은 사라지므로 반드시 몸 안쪽으로 오므록 신경 써서 든다.

각진 형태의 핸드백은 딱딱해 보여서

캐주얼한 차림에 잘 어울리지 않고, 둥근

형태의 핸드백은 정장 차림과 잘 맞지 않는다.

핸드백 바닥은 사각이지만 모서리가 둥글고

아래로 처지는 느낌의 소프트 보스턴백

(soft boston bag)에는 직선과 곡선이

공존해서 캐주얼한 옷차림에는 신뢰를

더해 주고, 클래식한 옷차림에는 유연함을

전하기 때문에 어디에나 맞추기 쉽다.

옷차림에 따라 각각 잘 어울리는 핸드백을 갖추고 있다면
큰 걱정이 없겠지만, 적은 개수의 핸드백으로 다양한
옷차림을 소화하려면 회색과 갈색이 섞인 듯한,
혹은 갈색과 카키색의 중간쯤 어떤 색이라고 꼭 집어
말하기 어려운 중간색 계열의 소프트 보스턴백을 추천한다.

클러치 백 / Clutch Bag

끈이 없어 손에 쥘 수 있도록 디자인된

클러치 백은 전체 스타일의 포인트가 되기

때문에, 블랙 드레스처럼 심플한 옷차림에

클러치 백만 들어도 세련된 감각을 보여 줄

수 있다. 옷에 대비가 강한 색상의 클러치

백을 매치하면 악센트 효과를 줄 수 있고,

대비가 없는 색으로 들면 모던한 스타일이

연출된다. 평소 스타일에 맞춰 최소한의

소지품을 넣을 수 있는지도 고려해 선택한다.

파티에 갈 때나 들어야 할 것 같은
작은 사이즈보다는 수납하기 편한 큼직한 사이즈의
클러치 백이 활용도가 높다. 특히 키도 체구도 큰 여성이
너무 자그마한 클러치 백을 들면 몸집만 커 보일 뿐이므로
큼지막한 타입을 사용해야 어울린다.

손잡이가 없는 가로로 긴 형태의 클러치 백은

한결 드레시하게 보인다. 데이트 약속이나

사교 모임 등 사적인 자리에 잘 어울리는

클러치 백은 스타일의 악센트가 될 만한

색상이나 디자인을 가진 타입이다. 이때도

사채업자의 '일수 가방'처럼 겨드랑이에

끼거나 꽉 움켜잡듯이 쥐지 말고,

손목을 살짝 안쪽으로 꺾어서 아래쪽을

받치면서 들면 우아하고 섹시해 보인다.

완벽한 연출이 필요한 날에는 머리부터
발끝까지 온몸을 둘러싼 금속 장식을 '금은 금끼리,
은은 은끼리' 맞춰 보자. 이렇게 금속 장식을 통일하면
전체적으로 밸런스가 잡히고, 한층 더 정돈된 깔끔함이
드러나서 스타일이 돋보인다.

새첼 백 / Satchel Bag

새첼 백은 책가방처럼 사각 모양에

어깨 끈이나 손잡이가 달린 가방을 말하는데,

무엇보다 각진 모양이 신뢰감을 느끼게

해 준다. 체형이 작은 여성에게는 빅 백처럼

큰 가방보다는 A4 서류, 책, 소지품 등을

담을 수 있는 사이즈가 실용적일 뿐 아니라

지적으로 보일 수 있다. 검정같이 유행을

타지 않는 색상과, 어디에나 잘 어울리는

스킨 톤을 갖춰 두면 좋다.

A4용지 크기의 핸드백은 어깨에 멨을 때도
허리선 아래로 내려가지 않기 때문에 단정해 보인다.
또 겨드랑이 아래로 밀착되는 핸드백은
몸집이 큰 여성이 들더라도 경쾌해 보여서 체형에
구애받지 않고 누구나 들기에 알맞은 타입이다.

호보백 / Hobo Bag

호보는 미국 속어로 '뜨내기 일꾼, 방랑자'를
뜻한다. 호보백이란 호보들이 들고 다니던
새첼 백을 본뜬 천으로 만든 가방인데,
일반적으로 아래로 축 처지는 스타일의
핸드백을 지칭한다. 멋스럽게 구겨지며
어깨에 걸치기도 편해서 날마다 들기에
부담이 없고, 호보백의 곡선 모양이
곡선적인 여성의 몸매나 편안하고
캐주얼한 옷차림에도 잘 어울린다.

호보백을 멜 때 한쪽 어깨가 올라가지 않도록 수평을
유지하면서 핸드백 끈에 가볍게 손을 얹으면 스타일이
업그레이드되어 보인다. 또 가장 아래로 늘어지는
부분이 허리선보다 내려가지 않으면 아담하고
가벼운 느낌이 들어서 훨씬 날씬해 보인다.

배럴 백 / Barrel Bag

배럴 백은 나무통과 같은 원통형의 핸드백을
지칭하는데, 손으로 들거나 어깨에 메는
형식이 있다. 배럴 백처럼 디자인 자체가
눈에 띄는 핸드백은 색상을 너무 튀지 않는
수수한 타입으로 고르면 옷차림에 방해되지
않으면서 스타일의 악센트가 될 수 있다.
둥그스름한 형태의 핸드백이지만
늘어지지 않고 각이 잡혀 있기 때문에
정장 스타일에도 잘 어울린다.

핸드백을 멋있고 날씬해 보이게 소화하는
또 한 가지 스킬은 손으로 들 때 핸드백 바닥 부분과
스커트 밑단의 가로선을 맞추는 것이다. 옷의 가로 라인과
핸드백의 밑바닥 라인을 맞추면 날씬하고 정돈된
말끔한 이미지가 부각된다.

인베스트먼트 백 / Investment Bag

인베스트먼트 백이란 투자할 가치가 있는

핸드백을 말한다. 샤넬(Chanel)의 2.55백이나

에르메스(Hermès)의 버킨 백(birkin bag)과

켈리 백(kelly bag)처럼 핸드백 안에 역사와

사연을 담고 있는 클래식한 핸드백은 유행을

타지 않고, 세월이 흐를수록 더욱 정이 쌓인다.

핸드백은 자기 취향이나 스타일, 개성 등이

반영되는 소품이므로 좋은 제품에

투자할 가치가 충분히 있다.

평생을 함께 할 수 있는 인베스트먼트 백은
그만큼 고급스러운 재료로 만들어지고 매력적인 디자인을
갖추고 있으며, 흉내 낼 수 없는 기술과 품질을 보장한다.
이런 핸드백을 모셔 두지 않고 자주 들고 다니려면 검정,
남색, 갈색, 자주색 같은 무난한 색을 선택한다.

포셰트 / Pochette

포셰트는 원래 작은 호주머니를 뜻하는데,

어깨에 비스듬히 메는 비교적 끈이 긴 조그만

핸드백을 말한다. 비스듬하게만 메지 않고

어깨에서 길게 늘어뜨려 메거나 클러치

백처럼 손으로 드는 등 가방 본체가 오는

위치를 다르게 해서 스타일에 변화를

줄 수 있는 핸드백이다. 단 포셰트가 엉덩이

부근에 놓이게 되면 걸을 때마다

부딪치면서 큰 엉덩이를 강조할 수 있다.

여성스러운 옷을 드레시하게 차려입고서 지갑과
스마트폰, 립스틱 정도만 들어가는 포셰트를
대각선으로 메면 상당히 촌스러워 보인다.
긴 끈을 어깨에서 일자로 자연스럽게 늘어뜨리고
포셰트가 자기 상체에서 살짝 뒤로 가도록
메는 방식이라면 한결 세련된
분위기를 낼 수 있다.

드로스트링 백 / Drawstring Bag

끈을 잡아당겨 핸드백 입구를 열고 닫는
방식의 가방을 말한다. 드로스트링은
'졸라매는 끈'이라는 뜻으로, 끈을 쭉 잡아
당겨서 묶거나 느슨하게 풀어서 사용할 수
있다. 백 안에 소지품을 너무 많이 넣어서
가방이 불룩하면 무겁고 뚱뚱해 보인다.
둥근 곡선의 드로스트링 백은 격식 차린
정장 스타일보다 여성스러운 옷차림에
더욱 잘 어울린다.

드로스트링 백이나 복주머니 모양의 핸드백처럼
유선형으로 디자인된 핸드백은 딱딱한 인상을 주는
직선적인 체형보다는 부드러운 인상의 곡선적인
실루엣을 가진 여성에게 훨씬 잘 어울린다.
핸드백의 곡선이 경쾌하고 발랄한 보더 이미지를
더욱 돋보이게 해 준다.

어쨌든 여자도 아닌
언제나 여자

나이가 어떻든, 하는 일이 무엇이든, 누구를 만나든, 어디를 가든 대다수의 여자가 같은 옷을 입는다. 단지 각자의 옷장에 들어 있는 셔츠, 블라우스, 재킷, 팬츠, 스커트, 코트 같은 아이템을 가지고 자신의 생활 방식에 따라 다르게 조합해서 입을 뿐이다. 하지만 조합해서 완성한 스타일을 보면, 누구는 은근한 멋이 드러나서 옷을 입은 사람이 궁금해지는데, 누구는 왜 그런 옷을 입었는지 옷에만 시선이 쏠리게 된다. 그렇다면 그 차이는 어디서 오는 걸까? 비싼 옷과 싼 옷의 차이일까, 아니면 타고난 패션 감각의 차이일까? 옷이 아닌 사람이 먼저 보이는 멋쟁이들을 관찰해 봤더니, 그 차이는 경제적 여건이나 패션 감각에서 오기보다는 옷을 입거나 소품을 연출하는 기술이 남다른 데 있었다. 셔츠나 재킷, 팬츠를 입는 방식에서 차이가 났으며, 핸드백을 들고, 구두를 신고, 스카프를 두르고, 주얼리를 착용하는 방법을 달리하면서 스타일에 깊이를 더하고 있었다.

따라서 이제부터는 근사한 옷과 고급스러운 액세서리로 자신을 대변하려 애쓰지 말고, 자기 자신을 멋있고 세련되게 보여 주도록 입는 방법과 기억에 남는 액세서리 착용법을 진지하게 고민해 보자. '한 번의 고민'만 더 해지면 전체적인 스타일은 생기가 돌게 된다. 그 한 번의 고민이 매일매일 쌓이면 스타일에 '언제나 여자다움'이 묻어나서 옷을 입은 자신의 전체적인 아름다움이 돋보이게 된다. 이렇게 하면 전체적으로 부정적인 인상 없이,

보는 이의 시선을 자연스럽게 얼굴로 흐르게 해서 당신 자체를 기억하게 해 준다. 소중한 당신을 말이다.

책으로 나를 먼저 만난 독자 중에는 때로 저자가 당연히 남자인 줄 알았다며 깜짝 놀라는 경우도 있다. 굳이 물어보지 않아도 그 이유를 잘 안다. 내 글에서 미사여구란 찾아보기 어렵고, 명령조의 단문으로 문장이 나열되어 있으니 남자 중에서도 차갑고 딱딱한 남자가 충분히 연상될 만하다. 조금이나마 부드럽고 따뜻한 마음을 전하고 싶어서 에필로그라는 것까지 써 보지만, 영 마음 같지 않다. 하지만 군더더기 없는 심플한 디자인의 옷도 입는 방법에 따라 전체적인 분위기가 달라지는 것처럼 딱딱하고 무미건조한 글도 어떻게 읽히도록 하느냐에 따라 촉촉하게 변할 수 있으리라 생각한다. 그래서 나의 뚝뚝한 글을 조금이라도 말랑하게 보여 주기 위해 팔 빠지게 일러스트를 그리는 이현주 실장과 전체 글에 따스한 온기를 불어 넣고자 눈 튀어나오게 읽고 다듬어 주는 경은하 편집장에게 늘 감사하다. 마지막으로 항상 응원을 아끼지 않는 디자인뮤제오의 박명환 대표와 끊임없이 책을 쓰도록 격려해 주는 윤병인 본부장에게도 고마운 마음을 전한다.

Image Book Series

스타일리시한 여자와 일하고 싶다 Women's Image Tuning

치열한 비즈니스 환경에서 패션 감각도 스펙이다 !
성공하는 여자들의 스타일 튜닝 전략
중국, 대만, 홍콩 번역판 출간

황정선 지음 | 325쪽 | 값 15,000원

나는 오늘이 제일 예쁘다 Ladies Image Tuning

여자 나이 마흔, 당신의 품격을 높여라 !
마흔을 위한 패션 어드바이스
대만, 홍콩 번역판 출간

황정선 지음 | 250쪽 | 값 15,000원

옷을 벗고 색을 입자 Color Image Tuning `2nd edition`

당신만의 트루 컬러를 찾아라 !
베이식부터 트렌드까지 패션을 살리는 그녀의 컬러 스타일
중국, 대만, 홍콩 번역판 출간

황정선 지음 | 300쪽 | 값 16,000원

싸가지 있는 여자 Women's Attitude Lesson

몸짓은 몸으로 자신의 마음을 표현하는 것이다 !
시선을 사로잡는 여자들의 118가지 애티튜드
중국 번역판 출간

황정선 지음 | 236쪽 | 값 14,000원

내 남자를 튜닝하라 Men's Image Tuning `3rd edition`

매너와 스타일, 남자의 이미지가 모든 것을 결정한다 !
이기는 남자들의 비주얼 튜닝 전략
중국, 대만, 홍콩 번역판 출간

황정선 지음 | 296쪽 | 값 15,000원

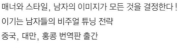

세일즈에 스타일을 더하라 Sales Image Tuning `2nd edition`

세일즈 스타일과 전략의 차이가 당신과 회사의 이익을 좌우한다 !
판매를 위한 60가지 스타일 튜닝 전략
대만, 홍콩 번역판 출간 예정

황정선 지음 | 280쪽 | 값 15,000원

『내 남자를 튜닝하라』 『스타일리시한 여자와 일하고 싶다』 『일 잘하는 그녀의 컬러 스타일북』은 포털 사이트 네이버의 '라이프코너'에서도 만나 볼 수 있습니다.